Das Museum der Bäume

Für Sally, Jennifer und Robert,
die meine Leidenschaft für Bäume verstehen – T.K.

Für Willow und Maya,
die mich während der Entstehung dieses Buches
ohne Unterlass abgelenkt haben – K.S.

Eintritt frei!

Das Museum der Bäume

Illustriert von KATIE SCOTT

Text von TONY KIRKHAM

PRESTEL
München • London • New York

Vorwort

In einen Wald zu gehen oder unter Riesen wie dem Küstenmammut- oder Affenbrotbaum zu stehen, ist ein atemberaubendes Erlebnis, das wunderbare, bleibende Erinnerungen hinterlässt.

Wälder gibt es auf allen Kontinenten der Welt außer der Antarktis, und sie sind die Heimat von über 58 000 verschiedenen Baumarten. Obwohl Bäume für viele Menschen gleich aussehen, hat jeder Baum seine eigenen Bedürfnisse, seinen eigenen Charakter und seine eigene Geschichte, was ihn zu etwas ganz Besonderem macht. Bäume sind die Lungen des Planeten: Sie liefern den Sauerstoff, den wir atmen, und verbessern gleichzeitig die Luftqualität. Außerdem schützen sie den Boden vor Winderosion. In ihren Wurzeln und Stämmen speichern sie Kohlenstoff. Das schützt uns vor Natur- und menschengemachten Katastrophen.

Bäume sind seit Jahrtausenden von zentraler Bedeutung für die menschliche Existenz. In vielen Kulturen werden sie verehrt, aber sie liefern uns auch überlebenswichtige Materialien wie Holz, das wir zum Bauen und für Transportzwecke brauchen, oder Früchte, Nüsse und Gewürze. Das Waldbaden – eine alte japanische Tradition – kann sogar Stress abbauen, unsere Stimmung heben und Krankheiten bekämpfen.

Bäume haben die Welt, in der wir leben, in ihrer Entwicklung erheblich mitgestaltet, aber leider nehmen wir sie oft als selbstverständlich hin. Heute sind 30 Prozent der Arten vom Aussterben bedroht und mindestens 142 Arten sind in freier Natur bereits ausgestorben. Wir können es uns nicht leisten, noch mehr zu verlieren. Während wir unserem alltäglichen Leben nachgehen, sollten wir nicht vergessen, an die Bäume zu denken, die in unseren Gärten, Parks und Stadtlandschaften sowie in den Wäldern auf der ganzen Welt wachsen. Wir sollten uns immer wieder vor Augen führen, dass der Planet ohne Bäume für uns alle ein ärmerer Ort wäre. Nicht nur würde eine große Anzahl von Pflanzen-, Pilz-, Insekten-, Säugetier- und Vogelarten ihre Heimat verlieren und ein Massenaussterben beginnen, auch die Grundstruktur unserer wunderschönen Welt würde aus den Fugen geraten.

Da viele Lebensräume zunehmend anfälliger werden, müssen wir die verbliebenen Wälder dringend schützen. So können wir unsere Welt heilen, alles Leben auf der Erde bewahren und sicherstellen, dass künftige Generationen das Wunder der Bäume noch genauso genießen können wie wir jetzt.

Tony Kirkham, Träger des britischen Verdienstordens und ausgezeichnet mit der Victoria Medal of Honour der Königlichen Gartenbaugesellschaft Großbritanniens (Royal Horticultural Society).

Royal Botanic Gardens Kew

Eingang

Willkommen im Museum der Bäume

Mit diesem wunderschönen Buch kannst du auf einer Reise um die ganze Welt jeden baumbestandenen Ort der Erde besuchen. Geh hinaus und entdecke dichte Wälder, eisige Landschaften, tropische Dschungel und liebevoll angelegte Gärten. Tritt ein ins Museum der Bäume.

Bei unserer Sammlung von über 150 Bäumen gibt es in jeder Ecke des Museums etwas für dich zu entdecken: Du wirst majestätische Riesen bestaunen, die Hunderte von Jahren alt sind, den herrlichen Duft von Kirschblüten und frischen Kiefern einatmen, köstliche Mangos und Zitronen sammeln und dich von Bäumen wie dem auch „Fieberbaum" genannten Chinarindenbaum inspirieren lassen, dessen bittere Rinde im Kampf gegen Malaria eine wichtige Rolle spielt.

Deine Reise beginnt vor Millionen von Jahren in den wilden und sumpfigen Wäldern des Erdzeitalters Karbon, wo sich vermutlich die ersten Bäume entwickelt haben. Von diesen ersten Anfängen bis zu ihrem wichtigen Platz in unserer heutigen Welt haben Bäume die Menschheit immer inspiriert und jeden Bereich des menschlichen Lebens geprägt: von unserer Atemluft über unsere Nahrungsmittel bis hin zu Bauwerken, Holzprodukten und medizinischen Behandlungen.

Heutzutage befindet sich unser Planet in einem beispiellosen Wandel. Niemals war es wichtiger zu lernen, wie wir mit diesen Giganten zusammenleben können. Wir können die Natur nicht schützen, solange wir sie nicht verstehen.

Tritt ein ins *Museum der Bäume* und mach dich auf die Reise!

Biome der Welt

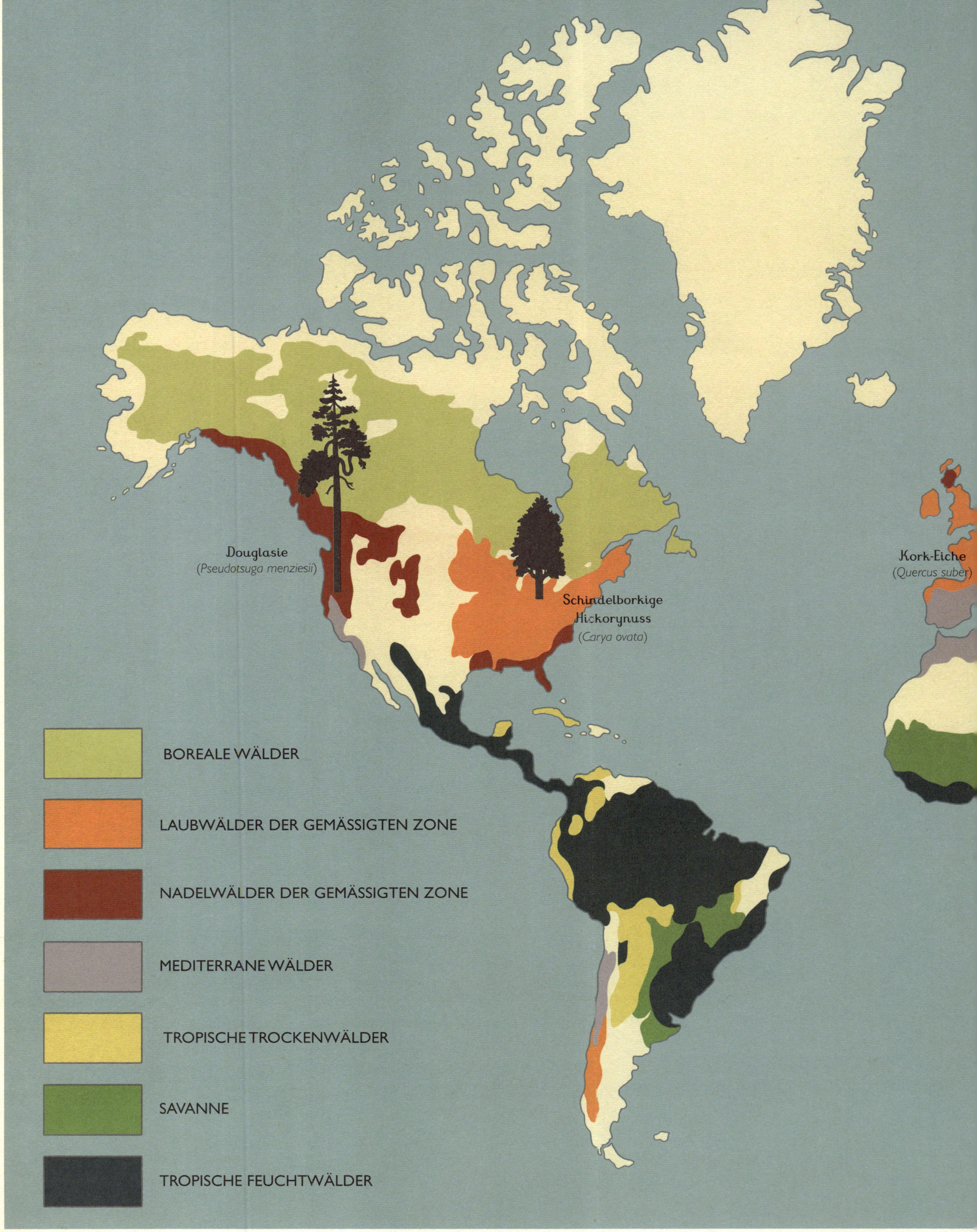

Taschentuchbaum
(Davidia involucrata)
Gelber
Merantibaum
(Shorea faguetiana)
Afrikanischer
Affenbrotbaum
(Adansonia digitata)

Was ist ein Baum?

Menschen lieben Bäume. Sie sind schön, elegant und lebenswichtig. Sie wachsen überall um uns herum: in Wäldern und Forsten oder manchmal auch vereinzelt, in den verschiedensten Landschaften und in unseren Dörfern und Städten. Aber hast du jemals innegehalten und dir einen Baum genau angesehen? Hast du schon einmal darüber nachgedacht, was genau Bäume von anderen Pflanzen unterscheidet?

Bäume gibt es in einer Vielzahl von Formen und Größen, vom kleinsten Bonsai bis zum über 115 Meter hohen Küstenmammutbaum. Ihr auffälligstes Merkmal ist ein verholzter Stamm, der jedes Jahr an Höhe und Dicke zunimmt.

Der Stamm ist aus Jahresringen aufgebaut, die es leicht machen, das Alter eines Baumes zu bestimmen. Jeder Ring steht für das Wachstum eines Jahres. Einige Bäume wie die Langlebige Kiefer (*Pinus longaeva*), die als ältester Baum der Erde gilt, können über 4 000 Jahresringe aufweisen.

Der Stamm trägt ein Geflecht aus großen Ästen. Diese verzweigen sich in kleinere Äste, die auf der Suche nach Sonnenlicht nach oben und außen wachsen und die Krone des Baumes bilden. An den Enden der Äste befinden sich Zweige und Triebe, die Knospen, Blätter, Blüten und Früchte hervorbringen und die optimale Sonneneinstrahlung im Kronendach der Wälder ausnutzen. Eine ausgewachsene Eiche weist etwa 100 000 Blätter in ihrer Krone auf.

Der wichtigste Teil des Baumes, den wir nicht sehen können, ist das unterirdisch wachsende Wurzelgeflecht. Die Hauptfunktionen der Wurzeln sind erstens die Verankerung des Baumes im Boden, um ihn (vor allem bei starkem Wind) aufrecht zu halten. Zweitens dienen sie der Aufnahme von Wasser und Nährstoffen, die an den Hauptstamm weitergeleitet und von dort aus an den Rest des Baumes verteilt werden, um Nahrung zu produzieren. Entgegen der landläufigen Meinung ist der Wurzelteller sehr flach und befindet sich in den oberen 60 Zentimetern des Bodens. Er breitet sich nach außen aus, wo es reichlich Sauerstoff, Wasser und Nährstoffe gibt, und nicht nach unten, wo der Boden trocken und nährstoffarm ist.

Bildlegende

1: **Querschnitt des Stammes**
Der Baumstamm enthält spezielle Zelltypen, die Wasser und Nährstoffe durch den Baum transportieren. Er ist von einer holzigen Haut, der Borke, bedeckt, die aus abgestorbenen Zellen besteht. Die Borke kann rau oder glatt sein und schützt die lebenswichtigen Leitungssysteme des Baumes vor extremen Temperaturen, Insekten, Krankheiten und hungrigen Tieren.
a) äußere Rinde (Borke)
b) innere Rinde (Bast)
c) Kambium
d) Splintholz
e) Kernholz
f) Mark
g) Jahresring

2: **Blatt**
Blätter sind die Hauptorgane für die Photosynthese. Sie dienen mit ihrer großen, flachen Oberfläche speziell diesem Zweck.
a) Blattspitze
b) Blattrand
c) Seitenrippe
d) Mittelrippe
e) Blattstiel
f) Blattachsel
g) Zweig

3: **Baum**
a) Krone
b) Stamm
c) Hauptäste
d) Nebenäste
e) Wurzelteller
f) Wurzeln
g) Tropflinie
Die Tropflinie reicht bis zum äußeren Rand der Baumkrone. Der Regen rinnt von Blatt zu Blatt, wie Wasser auf Dachziegeln, und tropft schließlich vom Kronenrand auf den Boden darunter.

4: **Baumformen**
Bäume wachsen von Natur aus in einer Vielzahl von Formen.
a) pyramidenförmig
b) ausladend
c) hängend

1a
1b
1c
1d
1e
1f
1g
2a
2b
2c
2d
2e
2f
2g
3a
3b
3c
3d
3e
3f
3g
4a
4b
4c

Wie Bäume kommunizieren

Von Natur aus wachsen Bäume in Wäldern und nur sehr selten als Einzelgänger. Gesunde Wälder sind Gemeinschaften von Bäumen, die durch ein unterirdisches Netzwerk von Pilzfäden, sogenannten Mykorrhizen, miteinander verbunden sind. Dieses Netzwerk, auch „Wood Wide Web" („holzweites Netz") genannt, existiert seit etwa 400 Millionen Jahren und kann sich über Hunderte von Kilometern erstrecken. Bäume tauschen darüber wichtige Informationen und Nährstoffe aus, weshalb es für das Überleben des gesamten Waldes unerlässlich ist.

Mykorrhizen (griechisch *myco* = Pilz und *rhiza* = Wurzel) bilden den Begegnungspunkt zwischen Wurzeln und Boden. Der Baum ist der Wirt für die Pilze und liefert ihnen bis zu 30 Prozent des Zuckers, den er durch Photosynthese produziert (das ist der Prozess, bei dem Pflanzen das Sonnenlicht nutzen, um ihre eigene Nahrung herzustellen). Im Gegenzug versorgen die Pilze den Baum mit Kohlenstoff, Stickstoff und anderen Nährstoffen und sorgen für eine erhöhte Wasseraufnahme. Dies ist besonders in Dürreperioden und für kleine, junge Bäume nützlich, deren Standort zu schattig ist, um ausreichend Photosynthese betreiben zu können.

Aber die Forschung zeigt, dass Mykorrhizanetzwerke noch viel weiter gehen können. Ähnlich wie wir Glasfaserkabel nutzen, können Bäume über Pilzfäden kommunizieren. Sie können Warnsignale über Insekten- und Krankheitsbefall aussenden, benachbarten Bäumen erlauben, Chemikalien zu produzieren, um sich zu schützen, oder kranken Bäumen im Wald zusätzliche Nährstoffe spenden. Studien an Douglasien zeigen sogar, dass Mutterbäume ihre Sprösslinge erkennen und sie für bessere Überlebenschancen mit zusätzlichen Nährstoffen und Informationen versorgen können.

Da diese Aktivität auf mikroskopischer Ebene tief in der Erde stattfindet, gibt es an der Oberfläche nur sehr wenige Anzeichen für ein gesundes Mykorrhizanetzwerk. Eines kennen wir aber alle: Pilze sind die Sporenträger dieses Netzwerks und sprießen aus der Laubstreu des Waldes, um sich zu vermehren. Sie wachsen immer in der Nähe der Baumarten, mit denen sie in symbiotischer Beziehung stehen. So sieht man Kieferngewächse (*Pinaceae*) häufig zusammen mit essbaren Steinpilzen und Pfifferlingen, während schwarze und weiße Trüffel mit Eichen (*Quercus spp.*) und Buchen (*Fagus spp.*) verbunden sind. Einige Pilze sind nicht essbar, wie zum Beispiel der giftige Fliegenpilz, der in Birken- und Kiefernwäldern vorkommt.

Bildlegende

1: **Hänge-Birke**
Betula pendula
Höhe: 25 m
Als erfolgreiche Pionierpflanze kann die Hänge-Birke eine Mykorrhiza-gemeinschaft mit einer Vielzahl von Pilzen bilden. Sie teilt sie mit benachbarten Eichen und Kiefern, hat aber auch eigene Arten, so dass Birkenwälder sehr pilzreich sind.

2: **Wald-Kiefer**
Pinus sylvestris
Höhe: 35 m
Als einer von nur drei einheimischen Nadelbäumen auf den Britischen Inseln hat die Wald-Kiefer dort eine besondere Mykorrhizaverbindung mit über 200 verschiedenen Pilzarten, darunter Pfifferling und Steinpilz.

3: **Stiel-Eiche**
Quercus robur
Höhe: 40 m
Die Eiche kann über 1000 Jahre alt werden und ist ein Ort der Biodiversität: Sie bietet Lebensraum für über 2 300 verschiedenen Arten von Algen, Flechten und Moosen, Pilzen, Säugetieren, Vögeln und Insekten. Mehr als 350 davon leben nur auf der Eiche.

4: **Fliegenpilz**
Amanita muscaria
Ein giftiger Pilz, der in Laub- und Nadelwäldern vorkommt. Tritt oft in Kreisen auf, die Feen- oder Hexenringe genannt werden.

5: **Gemeiner Steinpilz**
Boletus edulis
Dieser Pilz kommt bei über 15 verschiedenen Nadelbaumfamilien vor, darunter Kiefern, Fichten und Douglasien.

6: **Schwarze Trüffel**
Tuber melanosporum
Trüffeln werden seit 1808 an Eichen angebaut. Sie sind eine köstliche Delikatesse, aber sehr teuer, da Anbau, Lagerung und Ernte schwierig sind.

Die ersten Bäume

Im Erdzeitalter Karbon, vor 359 bis 299 Millionen Jahren, war die Erde von dichtem Wald bewachsen – aber nicht so, wie wir ihn heute kennen. Hoch aufragende farnartige Pflanzen bedeckten das Land und gruben sich mit ihren flachen Wurzeln in sumpfige Tümpel und schwammigen Torf ein. Am Ende des Karbons gab es in diesen dichten Wäldern riesige Baumfarne.

Unter diesen Riesen ragte *Archaeopteris* heraus. Er gilt als einer der ersten echten, modernen Bäume und wird als Vorfahr aller Samenpflanzen angesehen. Diese wichtige Art entwickelte sich über einen Zeitraum von 100 Millionen Jahren zur dominierenden Art und brachte bis zu einem Meter dicke Stämme hervor, bildete tiefe Wurzeln, um die wachsende Höhe und das Gewicht der Krone zu tragen, und entwickelte Gefäßgewebe, um Wasser und Nährstoffe durch den Stamm zu den Blättern und äußeren Ästen zu transportieren.

Im Erdzeitalter Perm (vor 290 bis 248 Millionen Jahren) hatten sich die Bäume so entwickelt, dass sie Samen trugen und verzweigte Kronen aufwiesen. Viele von ihnen sind heute noch zu erkennen, darunter Palmfarne, Araukarien (*Araucaria araucana*) und Ginkgos. Obwohl es nur noch eine Ginkgo-Art gibt – *Ginkgo biloba* – ist diese ihren Vorfahren bemerkenswert ähnlich: Die fächerförmigen Blätter sind in Größe und Form identisch mit den 250 Millionen Jahre alten Fossilien.

Mit dem Beginn des Erdzeitalters Jura (vor 199 bis 145 Millionen Jahren) war das Klima wärmer und feuchter geworden und bot perfekte Bedingungen für die Entwicklung von Leben. Neue Dinosaurierarten tauchten auf, darunter Stegosaurus, Brachiosaurus und Allosaurus, die sich ihren Weg durch die üppige Vegetation bahnten, stampften und fraßen. Die Wollemie (*Wollemia nobilis*) und der Urweltmammutbaum (*Metasequoia glyptostroboides*) dominierten diese Periode, und beide wachsen noch heute in unseren gemäßigten Wäldern.

Die Bedecktsamer zählten zu den letzten Pflanzen, die sich entwickelt haben. Zu ihnen gehörten blühende Laubbäume wie Magnolien (Magnolia spp.), Feigen (Ficus spp.) und Platanen (Platanus spp.), die in der Kreidezeit auftauchten und bis zum Tertiär (vor etwa 66 Millionen Jahren) das Ökosystem der Erde beherrschten. Obwohl sie durch mindestens vier Eiszeiten zurückgedrängt wurden, haben die Bäume ihre ökologischen Nischen behauptet und sich in einer enormen Form- und Größenvielfalt an jeden Lebensraum der Erde angepasst.

Bildlegende

1: **Baumfarn**
Psaronius
Höhe: 10 m
a) Baum
b) neue, sich entrollende Wedel
Dieser Baumfarn hat keinen richtigen Stamm, sondern einen so genannten „Mantel“. Der Mantel besteht aus Hunderten von Wurzeln und kann einen Durchmesser von über einem Meter erreichen.

2: **Sumpf-Magnolie**
Magnolia virginiana
Höhe: 30 m
Blüte
Magnolien gehören zu den primitivsten Bedecktsamern. Fossile Funde zeigen, dass es sie schon vor über 95 Millionen Jahren gab.

3: **Morgenländische Platane**
Platanus orientalis
Höhe: 30 m
a) Blatt b) bedeckte Knospe
Das Ende des Blattstiels umhüllt die Knospe wie ein Handschuh und legt sie erst im Herbst frei, wenn die Blätter fallen. So wird die Knospe vor Schädlingen und Pilzkrankheiten geschützt.

4: ***Archaeopteris***
Höhe: 30 m
Dieser früheste bekannte und inzwischen ausgestorbene Baum sieht aus wie ein Weihnachtsbaum und ist den samentragenden Bäumen, die wir heute kennen, sehr ähnlich.

5: **Ginkgo**
Ginkgo biloba
Höhe: 40 m
Zweilappige Blätter
Die reifen, fleischigen Außenteile der Samen riechen stark nach Erbrochenem, was einst aasfressende Dinosaurier und große Säugetiere anlockte, die sich von den Früchten ernährten und die Samen verteilten.

6: **Araukarie**
Araucaria araucana
Höhe: 50 m
Baum
Die stacheligen Blätter an den dicht gedrängten Ästen der Araukarie hielten vor 200 Millionen Jahren hungrige pflanzenfressende Dinosaurier davon ab, das Laub zu fressen.

1a
3a
2
1b
3b
6
5
4

Saal 1

Nadelwälder

Lebensraum: Borealer Wald

Der boreale Wald, auch Taiga genannt, ist einer der lebensfeindlichsten Orte der Welt für einen Baum. Der Wald ist dicht, besteht aber aufgrund der harten Bedingungen nur aus wenigen, widerstandsfähigen Arten, hauptsächlich aus Fichten (*Picea spp.*), Kiefern (*Pinus spp.*) und Tannen (*Abies spp.*). Er kommt nur in der nördlichen Hemisphäre vor, zwischen der eisigen arktischen Tundra im Norden und den gemäßigten Laubwäldern im Süden. Der nördlichste Wald der Erde bedeckt große Gebiete in Kanada, Alaska, Skandinavien, Russland und Sibirien. Er nimmt etwa 17 Prozent der Landfläche ein und macht rund ein Drittel der weltweiten Waldfläche aus.

Der boreale Wald kommt mit langen, sechsmonatigen Wintern zurecht, in denen die Durchschnittstemperaturen unter dem Gefrierpunkt liegen und es nur wenige Sonnenstunden gibt. Die Nächte sind länger als die Tage. Bis zu acht Monate im Jahr ist der Wald von Schnee bedeckt. Die Vegetationsperiode – also der Zeitraum, in dem Pflanzen erfolgreich wachsen können – ist daher sehr kurz: nur 50 bis 100 Tage. Im Sommer scheint im Wald die Sonne täglich bis zu 20 Stunden und es regnet reichlich. Der Regen sammelt sich und bildet flache Sümpfe auf den Waldböden. Diese Moore sind weitgehend unfruchtbar und sehr sauer, so dass nur eine begrenzte Anzahl kleinblättriger Nadelholzarten in diesem Lebensraum gedeihen kann.

Trotz der eisigen Bedingungen sind die borealen Wälder voller Leben. Nagetiere wie Bisams und Biber leben im Moor. Elche, Rentiere und Braunbären fressen junge Triebe und Beeren ab, während Wölfe und Luchse auf der Pirsch sind. Die borealen Wälder sind auch eine sehr wichtige Ressource für das Überleben der indigenen Gemeinschaften, die dort jagen und fischen.

Der boreale Wald ist eine lebenswichtige Kohlenstoffsenke. Das heißt, er nimmt mehr Kohlenstoff auf, als er abgibt. Der meiste Kohlenstoff befindet sich im Permafrost (einer gefrorenen unterirdischen Schicht). Da sich die Erde aber erwärmt, besteht die Gefahr, dass der Permafrost immer weiter auftaut und Kohlendioxid in die Umwelt freisetzt, was wiederum zum Klimawandel beiträgt. Auch die Abholzung – und insbesondere der Kahlschlag, also das Entfernen aller Bäume – setzt Kohlenstoff frei und zerstört Lebensräume. Rund ein Drittel des weltweit genutzten Holzes und 25 Prozent des Papiers werden aus diesen wertvollen ökologischen Waldregionen gewonnen.

Bildlegende

Nordamerikanischer borealer Wald

1: **Schwarz-Fichte**
Picea mariana
Höhe: 15 m

2: **Ostamerikanische Lärche**
Larix laricina
Höhe: 20 m

3: **Küsten-Kiefer**
Pinus contorta
Höhe: 20 m

4: **Papier-Birke**
Betula papyrifera
Höhe: 20 m

5: **Amerikanische Eberesche**
Sorbus americana
Höhe: 12 m

6: **Amerikanische Zitter-Pappel**
Populus tremuloides
Höhe: 21 m

3
1
6
4
2
5

Boreale Laubbäume

Neben den dominierenden Nadelbäumen gibt es in den borealen Wäldern (Taiga) auch eine sehr kleine, aber widerstandsfähige Auswahl an Laubbäumen, darunter Pappeln (*Populus spp.*), Weiden (*Salix spp.*) und Birken (*Betula spp.*).

Obwohl diese Bäume selten 100 Jahre alt werden – für Bäume ein kurzes Leben –, haben sie viele Eigenschaften, die ihnen helfen, in der Taiga zu überleben. Sie alle können während des kurzen Sommers wachsen, blühen und Früchte tragen. Zudem werfen sie genau zum richtigen Zeitpunkt ihre Blätter ab, um sich auf den langen Winter vorzubereiten. Ihre kompakten Blätter haben eine kleine Oberfläche. So können sie auch starken Winden standhalten und vor allem schnell gebildet werden, was ideal für einen Wald mit einer kurzen Wachstumsperiode ist. Außerdem ist der Standort wichtig. Die Laubbäume wachsen in der Nähe von Gewässern und nutzen nicht nur die dort vorhandene Feuchtigkeit, sondern auch die Lichtverhältnisse an Seen und Flüssen, wo es keine Konkurrenz durch die dicht belaubten Nadelbäume gibt. In der nördlichen Tundra sind diese Bäume kurz und von kümmerlichem, krummem Wuchs, aber weiter südlich haben sie geradere Stämme und werden höher.

Boreale Laubbäume sind Pionierarten, d.h. sie sind die ersten, die in zerstörten Umgebungen, wie z.B. in einem von Bränden verwüsteten Wald, auftauchen. Während ein Waldbrand Nadelbäume oft abtötet, können Laubbäume aus ihren Stämmen wieder austreiben oder aus ihren unterirdischen Wurzeln, die durch das Feuer nicht beschädigt werden, neue Bäume wachsen lassen. Ihre leichten Samen verbreiten sich mühelos, entweder durch den Wind oder durch Vögel und andere Tiere, so dass sich die Laubbäume in einem Gebiet behaupten können, noch bevor die Nadelbäume mit ihrer Wiederbesiedlung begonnen haben.

Bildlegende

1: **Runzelblättrige Erle**
Alnus incana ssp. rugosa
Höhe: 22 m
a) Zweig
b) Blüte
Sowohl die männlichen als auch die weiblichen Blüten werden Kätzchen genannt, aber sie sehen sehr unterschiedlich aus. Sie blühen im zeitigen Frühjahr, bevor die Blätter erscheinen.

2: **Großzähnige Pappel**
Populus grandidentata
Höhe: 25 m
Blatt
Die Blattstiele der Pappel sind über die gesamte Länge abgeflacht, so dass sie zittern, wenn der Wind sie trifft. Eine andere Pappelart trägt das Phänomen sogar im Namen: die Amerikanische Zitter-Pappel (*Populus tremuloides*), siehe Seite 12.

3: **Amerikanische Eberesche**
Sorbus americana
Höhe: 12 m
Blätter
Dieser Baum bietet vielen Waldtieren Nahrung. Elche und Weißwedelhirsche (*Odocoileus virginianus*) ernähren sich von seinen Blättern, Zweigen und Ästen.

4: **Balsam-Pappel**
Populus balsamifera
Höhe: 30 m
Blüte
Die klebrigen, spitzen Blattknospen dieser Pappel sind mit einem harzigen Saft bedeckt, der stark nach Terpentin riecht. Die ätherischen Öle aus den Blättern werden als Medizin verwendet.

5: **Papier-Birke**
Betula papyrifera
Höhe: 20 m
a) Stamm/Rinde b) männliche Blüte
c) Blatt
Die papierdünne Rinde hat einen hohen Ölgehalt und ist extrem wasserfest. Die indigene Bevölkerung und die frühen Pelzjäger nutzten die Rinde als Papier, um Nachrichten darauf zu schreiben und leichte Kanus zu bauen.

6: **Streifen-Ahorn**
Acer pensylvanicum
Höhe: 10 m
a) Blatt b) Zweig und Knospen
c) Stamm/Rinde
Namensgebend für diesen Ahorn ist im Deutschen seine charakteristisch gestreifte Rinde. Im Englischen heißt er *Elchbaum*, weil seine Rinde im Winter von Elchen gefressen wird. Zudem ist der Baum als *Gänsefuß-Ahorn* bekannt, da seine Blätter wie der Fuß einer Gans geformt sind.

1a
1b
3
2
4
6c
5a
5c
6b
6a
5b

NADELWÄLDER

Boreale Nadelbäume

Nadelbäume sind der Inbegriff borealer Wälder. Dicht gedrängte grüne Tannen (*Abies spp.*), Fichten (*Picea spp.*) und Kiefern (*Pinus spp.*) ragen hoch über dem dunklen, feuchten Boden auf und im Herbst vergolden Lärchen die Landschaft.

Nadelbäume heißen auch Koniferen, was *Zapfenträger* bedeutet: Statt Blüten produzieren diese Bäume Samen in Zapfen.

Ihr Wachstum ist langsam, aber die Nadelbäume haben sich so angepasst, dass sie mit dem rauen Wetter zurechtkommen. Ihre markanten schmalen, kegelförmigen Baumkronen bestehen aus flexiblen, nach außen gebogenen Ästen. Diese Konstruktion hilft dabei, schwere Schneefälle abzuwehren und mögliche Schäden an den Ästen durch Schnee und starken Wind zu verringern.

Dunkelgrüne Nadeln sind ein charakteristisches Merkmal der meisten Nadelbäume. Diese Blätter haben einen geringen Saftgehalt, damit sie nicht gefrieren, eine dicke wachsartige Außenschicht (Kutikula) und tief eingesunkene Poren (Spaltöffnungen), damit sie nicht austrocknen und in den kalten Winterwinden wertvolle Feuchtigkeit verlieren. Die Nadeln sind meist dreieckig. So haben sie die größtmögliche Oberfläche, um ein Maximum an Licht aufzunehmen. Das verschafft ihnen im Frühjahr einen Vorsprung vor den Laubbäumen, da sie

schnell mit der Nahrungsproduktion beginnen können, ohne auf die Entwicklung neuer Blätter warten zu müssen. Die Lärche (*Larix spp.*) ist jedoch ein Sonderfall. Als laubabwerfender Nadelbaum verliert sie jedes Jahr ihre Nadeln. Im Vergleich zu immergrünen Nadelbäumen haben Lärchen aber zarte Nadeln, die schneller und einfacher nachproduzierbar sind.

Bildlegende

1: **Balsam-Tanne**
Abies balsamea
Höhe: 20 m
Samenzapfen und Blätter
Dieses immergrüne Gehölz liebt kalte Winter und feuchte Wälder und ist daher gut an die Flachland-Sümpfe seiner Heimat im Nordosten Nordamerikas angepasst.

2: **Schwarz-Fichte**
Picea mariana
Höhe: 15 m
a) Samen b) Samenzapfen und Blätter
Wichtig für die lokale Artenvielfalt: Die Raupen des Schmetterlings *Callophrys lanoraieensis* ernähren sich vor der Verpuppung von den Nadeln der Schwarz-Fichte.

3: **Amerikanische Lärche**
Larix laricina
Höhe: 20 m
Samenzapfen am Ast
Diese Lärchen heißen auch „Tamarack". Das bedeutet „Holz für Schneeschuhe" in der Sprache des indigenen Volkes der Algonkin.

4: **Küsten-Kiefer**
Pinus contorta
Höhe: 20 m
a) weiblicher Zapfen (Querschnitt)
b) männlicher Zapfen
c) reifer Samenzapfen
Dieser Baum ist feuerabhängig, das heißt, er braucht Waldbrände, um seinen Bestand zu erhalten. Die Rinde ist dünn und bietet keinen Schutz vor Feuer, aber die Samenzapfen sind serotinös, das heißt, sie schützen die Samen im Inneren des Zapfens vor Feuer. Durch die Hitze öffnen sich die Zapfen und geben die Samen frei, damit sie auf dem Waldboden keimen und sich regenerieren können.

Nadelbäume gemäßigter Klimazonen

Auf unserem Planeten gibt es mehr als 600 verschiedene Arten von Nadelbäumen aus sieben Familien. Außer in den borealen Wäldern, wo sie die vorherrschende Baumart sind, wachsen Nadelbäume weltweit auch in vielen anderen Wäldern der gemäßigten Klimazone.

Kiefern, Fichten und Weiß-Tannen gehören alle zur größten Familie der Nadelbäume: zu den Kieferngewächsen (*Pinaceae*). Sie wachsen in den unterschiedlichsten Lebensräumen in der Taiga und anderen Teilen der nördlichen Hemisphäre. Kieferngewächse sind immergrün, haben nadelförmige Blätter und Zapfen mit nackten, geflügelten Samen. Alle drei Nadelbäume sind wirtschaftlich wichtig: Ihr Holz, das so genannte Nadelholz, wird viel im Bauwesen verwendet.

Es gibt 176 verschiedene Arten von Kiefern, die in den gemäßigten Zonen wachsen, von struppigen Zwergbäumen in den Bergen bis hin zu Riesen, die in den Nadelwäldern Kaliforniens bis zu 80 Metern hoch in den Himmel ragen. Kiefern (*Pinus spp.*) sind in der Regel langlebig. Die weltweit älteste Kiefer namens „Methuselah" gehört zur Art *Langlebige Kiefer* und ist etwa 4 800 Jahre alt. Einige Kiefernarten bilden große essbare Samen, Pinienkern oder Piñon genannt, die eine wichtige Zutat für die berühmte italienische grüne Soße Pesto sind.

Die 54 verschiedenen Fichtenarten (*Picea spp.*) haben Äste, die kreisförmig um den Stamm herum verlaufen. Das macht sie perfekt zum Schmücken und daher zu einem sehr beliebten Weihnachtsbaum.

Der lateinische Name für die Tanne *Abies* bedeutet „sich erheben", denn diese beeindruckenden Bäume können bis zu 80 m hoch werden. Es gibt fast 90 Arten, die zäh und widerstandsfähig sind und auch in den höchsten Lagen der Berge wachsen können. Ihre jungen weiblichen Zapfen sind sofort erkennbar: Sie wachsen, oft leuchtend blau oder violett gefärbt, immer aufrecht wie Kerzen an den Ästen.

Bildlegende

1: **Korea-Kiefer**
Pinus koraiensis
Höhe: 30 m
Blätter
Die Nadeln dieser Kiefer stehen in Fünferbündeln zusammen.

2: **Sitka-Fichte**
Picea sitchensis
Höhe: 100 m
Reife Samenzapfen
Klanghölzer wie Fichte und Rotzeder spielen eine wichtige Rolle für die Klangqualität akustischer Instrumente.

3: **Wald-Kiefer**
Pinus sylvestris
Höhe: 35 m
a) Blätter und männliche Pollenzapfen
b) Reifer Samenzapfen
c) Sämlingsstadium
Die schnellwachsende Wald-Kiefer ist wichtig für die deutsche Holzwirtschaft.

4: **Himalaja-Fichte**
Picea smithiana
Höhe: 50 m
Blätter
Die großen Zapfen des Baumes aus dem westlichen Himalaja sind mit Harz- oder Nektarperlen bedeckt.

5: **Einblättrige Kiefer**
Pinus monophylla
Höhe: 10 m
Blätter und männliche Pollenzapfen
Kiefernadeln sind in Zweier-, Dreier- und Fünferbündeln angeordnet. Nur bei dieser Kiefernart stehen die Nadeln einzeln.

6: **Grannen-Tanne**
Abies bracteata
Höhe: 35 m
Reifer Samenzapfen
Die dünne, harzige Rinde und die Zapfen dieses Baumes sind sehr anfällig für Feuerschäden. Die Grannen-Tanne ist im Santa-Lucia-Gebirge in Kalifornien beheimatet. Sie wächst in steilem, felsigem Gelände auf kargen Böden – das reduziert die Waldbrandgefahr.

7: **Digger-Kiefer**
Pinus sabiniana
Höhe: 15 m
Blätter
Die Nadeln dieser Kiefer stehen in Dreierbündeln und sind auffallend graugrün.

1
2
3a
3b
3c
4
5
6
7

Mammutbäume

Die majestätischen „Redwoods" sind Nadelbäume und zählen zu den größten und höchsten Bäumen der Erde. Ein beeindruckender Küstenmammutbaum namens „Hyperion" erreicht die schwindelerregende Höhe von knapp über 115 Metern, während der Riesenmammutbaum „General Sherman" mit einem Umfang von 31 und einer Höhe von 84 Metern das größte Stammvolumen aufweist. Das älteste Exemplar wird auf ungefähr 3 500 Jahre geschätzt.

Es gibt drei Mammutbaum-Arten, deren wissenschaftlicher Name *Sequoia* enthält: der Riesenmammutbaum (*Sequoiadendron giganteum*), der Küstenmammutbaum (*Sequoia sempervirens*) und der Urweltmammutbaum (*Metasequoia glyptostroboides*). Vermutlich wurde der Name *Sequoia* zu Ehren des amerikanischen Indigenen Sequoyah verwendet, der zwischen 1810 und 1820 die Cherokee-Silbenschrift erfand.

Der Urweltmammutbaum wächst in China, der Riesen- und der Küstenmammutbaum in Nordamerika. Die nordamerikanischen Arten kommen nie zusammen vor: Die Küstenmammutbäume wachsen in dichten Beständen in den nebelreichen Gebieten der Pazifikküste und die Riesenmammutbäume in offenen Hainen weiter im Landesinneren, an den Westhängen der Sierra Nevada. Beide Bäume haben extrem breite Stämme mit schwammiger, zimtroter Rinde, die bis zu 60 cm dick wird. Ihre immergrünen Äste beginnen hoch oben am Stamm, was sie vor Waldbränden schützt. Brände spielen jedoch eine wichtige Rolle bei der Schaffung von Samenbetten für die Keimung. Die Laubstreu auf dem Waldboden verbrennt und legt die Erde frei, in der wichtige Mineralien für das Wachstum der Samen enthalten sind.

Anders als die immergrünen nordamerikanischen Mammutbäume ist der chinesische Mammutbaum ein sommergrüner Nadelbaum mit flachen, gefiederten, nadelartigen Blättern. Seine rötlich-braune, faserige Rinde ähnelt der Rinde der amerikanischen *Sequoias,* daher auch sein Gattungsname *Metasequoia,* was „wie ein Mammutbaum" bedeutet. Erstaunlicherweise wurde er 1941 zunächst versteinert entdeckt: als 150 Millionen Jahre alter fossiler Baum aus dem Mesozoikum. Ein paar Jahre später aber wurde eine lebende Art in Zentralchina gefunden. Die Samen wurden gesammelt und an Arboreten auf der ganzen Welt verteilt, wo die Urweltmammutbäume heute wachsen.

Bildlegende

1: **Küstenmammutbaum**
Sequoia sempervirens
Höhe: 115 m
a) Baum b) Blätter
c) reifer weiblicher Samenzapfen
Diese Riesen sind für ihre Feuchtigkeitsversorgung auf den Sommernebel angewiesen, da sie schwerkraftbedingt kein Wasser von den Wurzeln bis in die Spitze des Baumes transportieren können. Blätter und Rinde haben sich so angepasst, dass sie die Feuchtigkeit des Nebels aufnehmen können, wodurch der Küstenmammutbaum unglaubliche Höhen erreichen kann.

2: **Urweltmammutbaum**
Metasequoia glyptostroboides
Höhe: 50 m
a) Blätter b) reifer Samenzapfen
Die längste Allee der Welt ist 47 Kilometer lang und mit mehr als einer Million Urwaldmammutbäumen bepflanzt. Sie liegt in der chinesischen Stadt Pizhou in der Provinz Jiangsu.

3: **Riesenmammutbaum**
Sequoiadendron giganteum
Höhe: 115 m
a) Baum
b) Blätter und weibliche Zapfen
c) Samen
d) Querschnitt des Stammes
Trotz seiner beeindruckenden Größe und seines Altbestands ist der Riesenmammutbaum bedroht. Steigende Temperaturen bedeuten Trockenheit und weniger Feuchtigkeit für die Bäume, und Trockenheit führt zu mehr extremen Waldbränden. Ein einziger Mammutbaum kann so viel Kohlenstoff absorbieren wie 250 „normale" Bäume, daher sind die Riesen ein wichtiger Bestandteil im Kampf gegen den Klimawandel und auch deshalb schützenswert.

1a
1b
2a
2b
1c
3b
3c
3a
3d

Zypressen-gewächse

Bäume aus der Familie der Zypressengewächse (*Cupressaceae*) sind leicht an ihren schuppenförmigen Blättern zu erkennen, die an fächerartigen Zweigen von den Hauptästen herabhängen. Zu diesen immergrünen Bäumen gehören Zypressen (*Cupressus spp.*), Wacholder (*Juniperus spp.*), Sumpfzypressen (*Taxodium spp.*), Weihrauchzedern (*Calocedrus spp.*) und Lebensbäume (*Thuja spp.*), die in allen nördlichen gemäßigten Regionen der Welt vorkommen.

Diese Bäume haben viele verschiedene Formen: von verkümmerten Wacholderbäumen, die sich an Berghänge schmiegen, bis hin zu den kathedralenartigen Riesen-Lebensbäumen (*Thuja plicata*) der Westküste Nordamerikas. Die Zweige und das Laub der asiatischen Arten von Lebensbaum und Wacholder gelten als Glücksbringer. Da die Blätter süßlich duften, wenn sie zerkleinert werden, finden sie in buddhistischen Tempeln in China als Räucherwerk Verwendung.

Es gibt viele Arten von immergrünen Bäumen, die wegen ihrer dekorativen Eigenschaften gezüchtet werden, darunter die als Heckenpflanze für kleine Gärten beliebte Leyland-Zypresse (*Cupressus x leylandii*). Der Inbegriff der Zypresse ist jedoch die Mittelmeer-Zypresse (*Cupressus sempervirens*). Diese sattgrünen Bäume sind leicht an ihrer aufrechten, flammenartigen, kegelförmigen Säulenform zu erkennen. Sie sind schlank, schön und einfach zu züchten. Deshalb werden sie oft als dekorative Elemente eingesetzt, insbesondere in großen Gärten im Stil der italienischen Renaissance. Die Bibel gibt nicht genau an, aus welchem Holz Noah seine Arche gebaut haben soll – aber es wird vermutet, dass aufgrund ihrer Widerstandsfähigkeit gegen Fäulnis und ihres aromatischen Öls die Mittelmeer-Zypresse gemeint war.

Bildlegende

1: Mittelmeer-Zypresse
Cupressus sempervirens
Höhe: 35 m
a) Belaubter Zweig mit Samenzapfen
b) Reifer Samenzapfen
Die Mittelmeer-Zypresse wurde von den berühmten Malern Leonardo da Vinci und Vincent van Gogh in ihren Werken verewigt. Ihr botanischer Name bedeutet übersetzt „ewige Zypresse" und gilt seit der Antike als Symbol des ewigen Lebens. Aus diesem Grund wird sie oft auf Friedhöfen gepflanzt.

2: Riesen-Lebensbaum
Thuja plicata
Höhe: 70 m
a) Reifer Samenzapfen
b) Männlicher Zapfen
c) Belaubter Zweig
Die gigantischen Stämme der Riesen-Lebensbäume, die aus dem pazifischen Nordwesten Nordamerikas stammen, sind fäulnisresistent. Aus diesem Grund wurden sie von den First Nations und den Indigenen der pazifischen Nordwestküste genutzt, um monumentale Totempfähle zu schnitzen.

3: Hiba-Lebensbaum
Thujopsis dolabrata
Höhe: 40m
Belaubter Zweig
Dieser in Zentral- und Südjapan beheimatete Baum war einer der „Fünf heiligen Bäume von Kiso". Das langsam wachsende, aromatische und haltbare Holz wurde in der Vergangenheit zum Bau von Tempeln und anderen bedeutenden Gebäuden in ganz Japan verwendet. Während der Feudalzeit war es den Bürger*innen – bei Todesstrafe – verboten, die Bäume zu fällen.

4: Weihrauchzeder
Calocedrus decurrens
Höhe: 60 m
a) Belaubter Zweig
b) Nahansicht der schuppenförmigen Blätter
c) Männlicher Zapfen
d) Reifer Samenzapfen
Das süße, würzig duftende Holz dieses Baumes wird zur Herstellung der besten Bleistifte verwendet. Wenn du einen solchen Stift anspitzt und an den Spänen riechst, wirst du verstehen, warum der Baum Weihrauchzeder heißt. Aus einem großen Zedernbaum lassen sich 300 000 Bleistifte herstellen. Jedes Jahr werden mehr als 14 Milliarden Bleistifte hergestellt – aneinandergelegt wären das genug, um unseren Planeten 62-mal zu umrunden!

1a
1b
2a
2b
2c
3
4a
4b
4c
4d

Ungewöhnliche Nadelbäume

Nadelbäume, allesamt nacktsamige Pflanzen (*Gymnospermae*), kommen auf allen Kontinenten außer der Antarktis vor und machen etwa 30 Prozent der weltweiten Wälder aus. Sie wachsen seit Jahrtausenden auf unserem Planeten und haben reichlich Fossilien hinterlassen. Heute haben sie sich etwas zurückgezogen und bilden eine hochspezialisierte Gruppe von Bäumen, die unter einer Vielzahl schwieriger Bedingungen wachsen kann: von wassergesättigten Sümpfen bis zu den gefrorenen borealen Wäldern in begrenzten Teilen der Welt.

Einige dieser Nadelbäume haben sich in Wäldern so gut versteckt, dass sie erst vor kurzem gefunden wurden. Der Urweltmammutbaum (*Metasequoia glyptostroboides*) zum Beispiel wurde erst Mitte des zwanzigsten Jahrhunderts von einem chinesischen Förster entdeckt. Gibt es also noch neue Nadelbaumarten, die darauf warten, entdeckt zu werden? Es spricht einiges dafür. In den 1950er Jahren fanden und beschrieben Wissenschaftler*innen ein neues Mitglied der Kieferngewächse, den Taubenbaum (*Cathaya argyrophylla*) in den Bergen Westchinas. Am überraschendsten war jedoch 1994 die Entdeckung einer Nadelbaumart tief in den Schluchten der Blue Mountains, 150 km nordwestlich von Sydney, Australien, von der man annahm, dass sie vor zwei Millionen Jahren ausgestorben war. Dieser (lebend) neu entdeckte Nadelbaum ist eng mit der Chilenischen Araukarie verwandt und wurde Wollemie genannt. In den Sprachen der Aborigines bedeutet „wollemi" so viel wie „schau dich um".

Die meisten Nadelbäume sind mit ihren holzigen Zapfen auf den Wind angewiesen, um ihre Samen zu verbreiten. Einige aber haben sich angepasst und imitieren blühende Pflanzen, zum Beispiel die Weidenähnliche Steineibe. Anstelle von Zapfen hat sie leuchtend bunte, fruchtähnliche Strukturen, die Vögel anlocken. Diese verschlucken sie, fliegen weiter und verbreiten die Samen mit ihren Ausscheidungen.

Bildlegende

1: **Kalifornische Nusseibe**
Torreya californica
Höhe: 25 m
a) Querschnitt durch die Frucht mit Samen b) Blätter und Frucht
Die Samen der kalifornischen Nusseibe sind essbar und wurden von der indigenen Bevölkerung verzehrt. Blätter, Äste und Holz dieser Nusseibe riechen stark.

2: **Schirmtanne**
Sciadopitys verticillata
Höhe: 25 m
a) Blätter in der Entstehung
b) reife Blätter
Diese Baumart kommt nur in Japan vor und ist in der Natur sehr selten. Was wie nadelförmige Blätter aussieht, sind in Wirklichkeit Platykladien, Langtriebe in engen, aufwärts gerichteten Spiralen, die den Speichen eines Regenschirms ähneln und wie ein Blatt funktionieren.

3: **Goldlärche**
Pseudolarix amabilis
Höhe: 40 m
a) Männliche Pollenzapfen
b) Zweig mit Blättern
Diese sommergrüne Konifere wurde 1853 von Pflanzensammler Robert Fortune aus China in den Westen eingeführt und ähnelt der Lärche. Ihre Nadeln färben sich im Herbst auffallend goldgelb.

4: **Wollemie**
Wollemia nobilis
Höhe: 40 m
a) Baum b) weiblicher Samenzapfen
c) männlicher Pollenzapfen
Der weibliche Zapfen befindet sich immer über den männlichen Pollenzapfen, um Selbstbestäubung zu verhindern.

5: **Spießtanne**
Cunninghamia konishii
Blätter und weiblicher Samenzapfen
Höhe: 50 m
Der „Bilu Sacred Tree" in Taiwan ist über 3 000 Jahre alt, 50 m hoch und hat einen Durchmesser von 3,5 m.

6: **Taubenbaum**
Cathaya argyrophylla
Höhe: 20 m
Zweig mit unreifen weiblichen Zapfen
Der Namensbestandteil *argyrophylla* bedeutet Silberblätter: die Unterseite der 5 cm langen Blätter ist silbrig-weiß.

7: **Weidenähnliche Steineibe**
Podocarpus salignus
Höhe: 20 m
a) Blätter b) Frucht
Jede Frucht trägt zwei Samen, die sich nach der Befruchtung am Ende eines leuchtend gefärbten Rezeptakels entwickeln. Vögel werden von dem leuchtenden Samenbehälter angezogen, verschlucken das Ganze, fliegen weg und verteilen die Samen später mit ihren Ausscheidungen.

1a
1b
2a
2b
3a
3b
4a
4b
4c
5
6
7a
7b

Douglasie

Die Douglasie (*Pseudotsuga menziesii*) ist ein leicht zu erkennender Nadelbaum mit einem prächtigen, aufrechten Stamm und einer dunkelbraunen, tief gefurchten, rauen Rinde, die bis zu 36 cm dick sein kann. Die feinen Nadelblätter an den herabhängenden Ästen sind leuchtend grün und die Zapfen haben dreizipfelige Deckschuppen, die zwischen den Samenschuppen herausragen. Der Legende nach stehen die drei Zipfel für die Hinterbeine und den Schwanz einer Maus, die sich im Zapfen versteckte, um einem großen Waldbrand zu entgehen.

Die Douglasie verdankt ihren Namen zwei Entdeckern und Pflanzensammlern aus dem 18. und 19. Jahrhundert. Ihr wissenschaftlicher Name *Pseudotsuga menziesii* ehrt Archibald Menzies, einen Arzt und Naturforscher, der an Kapitän George Vancouvers Reise in den pazifischen Nordwesten im Jahr 1791 teilnahm. Ihr Trivialname Douglasie geht auf den schottischen Botaniker und Pflanzensammler David Douglas zurück, der den Baum 36 Jahre später, im Jahr 1827, auf den Britischen Inseln einführte, wo er heute als Zierbaum in großen Gärten, Parks und Arboreten gezüchtet wird. Die Douglasie ist ein forstwirtschaftlich wichtiger Baum: Ihr Holz wird weltweit im Bauwesen verwendet.

Das alte Waldsystem, das dieser Baum im Laufe der Jahrtausende geschaffen hat, ist ein sehr wichtiger Lebensraum. Douglasienwälder beherbergen eine große Artenvielfalt von Tieren und Pflanzen, darunter die rote Baumwühlmaus (*Arborimus longicaudus*) und der seltene Fleckenkauz (*Strix occidentalis*). Ein weiteres Beispiel ist die Douglasien-Zwergmistel (*Arceuthobium douglasii*), ein kleiner parasitischer Strauch, der die Douglasie als Wirtsbaum nutzt und dem Baum Wasser und Nährstoffe entzieht, ohne ihn zu schädigen.

Bildlegende

Douglasie
Pseudotsuga menziesii
Höhe: 100 m

***1:* Reifer Samenzapfen**
Nach der Bestäubung brauchen die weiblichen Zapfen ein Jahr, um zu reifen. Sie verholzen, wobei die dreizipfeligen Deckzapfen aus den Samenschuppen herausragen, bevor die Samen freigesetzt und vom Wind verbreitet werden.

***2:* Blätter**
Die Douglasie hat kurze, weiche, stumpfe nadelartige Blätter, die 30 mm lang sind und denen von Tannen (*Abies spp.*) ähneln. Wenn man sie zerdrückt, verströmen sie ein köstliches Zitrus- und Ananasaroma.

***3:* Baum**
Dieses berühmte Exemplar ist eine 70 m hohe Douglasie namens „Big Lonely Doug". Sie ist über 1 000 Jahre alt und wurde 2011 auf Vancouver Island in British Columbia, Kanada, vor der Abholzung gerettet. Mit einem Stamm von über 4 m Durchmesser bräuchte man zwölf Erwachsene, die sich an den Händen halten, um den Stamm zu umfassen.

***4:* Querschnitt des Stammes**
Das astlochfreie Holz ist hellbraun mit rötlichen und gelben Reflexen in der Maserung. Es ist widerstandsfähig gegen Fäulnis und wird in großem Umfang für die Bauindustrie verwendet.

***5a:* Unreifer weiblicher Samenzapfen**
Jung sind die weiblichen Zapfen rosa. Während der Reifung werden sie blassgrün und voll ausgereift schließlich hellbraun.

***5b:* Reifende weibliche Samenzapfen**
Nach der Befruchtung im späten Frühjahr entwickeln sich die jungen, fleischigen weiblichen Zapfen, die allmählich auf ihre ausgereifte Länge von 6–10 cm wachsen.

1
2
3
4
5a
5b

Saal 2

Laubwälder

Lebensraum: Laubwald der gemäßigten Zone
Nordamerika
Asien
Europa
Herbstfärbung
Immergrüne Laubbäume
Schindelborkige Hickorynuss

Lebensraum: Laubwald der gemäßigten Zone

Gemäßigte sommergrüne Laubwälder gehören zu den spektakulärsten Biomen der Welt. Sie beeindrucken durch ihr Wachstum und ihr atemberaubendes Farbspiel im Wechsel der Jahreszeiten. Diese Wälder bilden zu Beginn der Vegetationsperiode zarte Knospen, die sich in üppiges Blattgrün verwandeln. Später brechen die Wälder in leuchtende Rot-, Orange-, Gelb- und Brauntöne aus, bevor die Blätter abfallen und kahle, skelettartige Strukturen für die kommenden kalten Monate zurücklassen.

Diese prächtigen Wälder kommen vor allem in den mittleren Breitengraden zwischen den Tropen und den arktischen Polarregionen der nördlichen Hemisphäre vor und umfassen Teile der USA, Kanadas, Europas, Chinas, Koreas, Japans und Russlands. Kleine Gebiete gibt es auch in Südamerika. In all diesen Regionen sorgen warme und kalte Luftmassen für vier Jahreszeiten, wobei keine Jahreszeit extrem heiß oder kalt ist.

Im Gegensatz zu den immergrünen Nadelbäumen stellen die Laubbäume (Bedecktsamer bzw. Angiospermen) die Produktion des grünen Pigments Chlorophyll in ihren großen Blättern ein, wenn das Tageslicht im Herbst abnimmt.

Bemerkenswerterweise weisen all diese Wälder ähnliche Gattungen von Baumarten auf: darunter Eichen (*Quercus spp.*), Ahorn (*Acer spp.*), Buchen (*Fagus spp.*) und Eschen (*Fraxinus spp.*). Zudem gibt es aber in jeder Region auch eigene einheimische Arten. Unter den Waldriesen wachsen kleinere, schattentolerante Arten wie Hartriegel (*Cornus florida* und *Cornus nuttallii*) und Sauerholz (*Oxydendrum arboreum*). Dieses Unterholz mit den Strauchschichten, die mit Farnen und Moosen durchwachsen sind, bildet perfekte, gut geschützte Lebensräume für Vögel und Säugetiere wie Mäuse, Kaninchen und Füchse. Auf dem Waldboden selbst, der durch herabfallendes Laub und Totholz entsteht und maßgeblich zum vielfältigen Nahrungsangebot des gesamten Waldes beiträgt, wimmelt es nur so von Insekten und Pilzen.

Bildlegende

Nordamerikanischer Laubwald

1: **Rot-Eiche**
Quercus rubra
Höhe: 40 m

2: **Amerikanische Buche**
Fagus grandiflora
Höhe: 35 m

3: **Pekannuss**
Carya illinoinensis
Höhe: 40 m

4: **Blüten-Hartriegel**
Cornus florida
Höhe: 9 m

5: **Milchorangenbaum**
Maclura pomifera
Höhe: 15 m

6: **Sassafrasbaum**
Sassafras albidum
Höhe: 20 m

1
2
3
4
5
6

Nordamerika

Das gemäßigte Ökosystem der zentralen Laubwälder Nordamerikas umfasst als geografische Region mehr als 26 Bundesstaaten: von Florida im Süden bis Neuengland und Teilen des südöstlichen Kanadas im Norden, und von der Atlantikküste im Osten bis Texas und Minnesota im Westen.

Obwohl diese Wälder Mitte des 19. Jahrhunderts stark abgeholzt wurden, um landwirtschaftliche Flächen zu gewinnen, sind sie immer noch weltweit die größten ihrer Art. Zu ihnen gehören einige der malerischsten Gebiete der Welt, darunter das Ozark-Plateau und die Appalachen mit den Great Smoky Mountains und den Blue Ridge Mountains – so genannt wegen des unverwechselbaren blauen Dunstes, den man aus der Ferne an der Baumgrenze sieht.

In diesen Wäldern im Osten Nordamerikas wachsen verschiedene Baumarten, darunter Eichen wie die Sumpf-Eiche (*Quercus palustris*), die Amerikanische Ulme (*Ulmus americana*), die Amerikanische Platane (*Platanus occidentalis*), Hickory-Bäume (*Carya spp.*) und Linden (*Tilia spp.*). Der Schwarze Tupelobaum (*Nyssa sylvatica*) und der Amerikanische Amberbaum (*Liquidambar styraciflua*) sind vielleicht die bekanntesten Beispiele. Sie leuchten in prächtigen gelben, orangefarbenen und scharlachroten Herbstfarben, während sie sich auf den Winter vorbereiten. Zu den häufigsten Bäumen im Unterholz gehören der Sassafrasbaum (*Sassafras albidum*), der Milchorangenbaum (*Maclura pomifera*) und der Blüten-Hartriegel (*Cornus florida*), dessen wunderschöne Blüten im Frühjahr die Wälder zum Leuchten bringen.

Das Erscheinungsbild der Wälder hat sich jedoch seit den frühen 1900er Jahren dramatisch verändert. Die Amerikanische Kastanie (*Castanea dentata*) – einst der größte und dominanteste Baum der Wälder – ist leider der Pilzkrankheit Kastanienrindenkrebs (*Cryphonectria parasitica*) zum Opfer gefallen, die um 1904 aus Asien nach Nordamerika gelangte. Heute ist sie so gut wie ausgestorben.

Bildlegende

1: **Sumpf-Eiche**
Quercus palustris
Höhe: 25 m
Blätter und Samen: Eicheln

2: **Blüten-Hartriegel**
Cornus florida
Höhe: 9 m
Blüten

3: **Milchorangenbaum**
Maclura pomifera
Höhe: 15 m
Aufgeschnittene Frucht
Diese seltsam aussehenden Früchte ähneln einem gelbgrünen Gehirn. Wenn sie beschädigt sind, sondern sie einen milchigen Saft ab der sie für Tiere ungenießbar macht. Für die Samenverbreitung sind sie auf Flüsse und Überschwemmungen angewiesen.

4: **Geweihbaum**
Gymnocladus dioicus
Höhe: 30 m
Frucht: 25 cm lang

5: **Amerikanische Kastanie**
Castanea dentata
Höhe: 30 m
Frucht

6: **Amerikanische Ulme**
Ulmus americana
Höhe: 30 m
Blätter und Früchte

7: **Amerikanische Platane**
Platanus occidentalis
Höhe: 50 m
Frucht
Die weiblichen Blüten entwickeln sich zu grünen, flauschigen, langstieligen Kugeln, die im Herbst braun werden und bis in den Winter hinein am Baum bleiben.

8: **Sassafrasbaum**
Sassafras albidum
Höhe: 20 m
Blätter
Die Blätter dieses Baumes verströmen einen würzigen Duft, wenn sie zerdrückt werden, und haben drei verschiedene Formen: a) einfach, b) handschuhförmig, c) dreigelappt.

9: **Amerikanische Persimone**
Diospyros virginiana
Höhe: 20 m
Frucht
Die Früchte des auch Kaki genannten Baumes enthalten Tannin und sind im unreifen Zustand adstringierend (von lat. adstringere – zusammenziehen), reif werden sie aber sehr süß und schmecken nach Datteln.

1
9
8c
7
2
8b
8a
5
3
4
6

Asien

Die sommergrünen Laubwälder Ostasiens gehören zu den artenreichsten Wäldern. In ihnen findet sich eine größere Anzahl von Baumarten als in den meisten anderen gemäßigten Wäldern der Welt. Dieses Biom erstreckt sich von den borealen Wäldern im Norden und Süden bis zu den tropischen Regenwäldern nördlich des Wendekreises des Krebses und im Osten bis zur Pazifikküste Japans. Die koreanische Halbinsel und die Wälder des ostasiatischen Teils Russlands sind ebenfalls eingeschlossen.

Im Gegensatz zu anderen Teilen der gemäßigten Klimazone blieb diese Region während des Pleistozäns (das vor etwa 2,6 Millionen Jahren begann und vor 12 000 Jahren endete) von der Vergletscherung weitgehend unberührt. In diesen Wäldern gibt es deshalb sehr alte Baumarten wie den Ginkgo (*Ginkgo biloba*) und den Urweltmammutbaum (*Metasequoia glyptostroboides*), die schon zur Zeit der Dinosaurier existierten. Trotz der weitreichenden menschlichen Eingriffe in den letzten 4 000 Jahren – wie die großflächige Rodung der natürlichen Vegetation für intensive Landwirtschaft und die Abholzung von Bäumen zur Gewinnung von Holz und Brennstoffen – sind in den abgelegenen Bergregionen auch heute noch viele wilde Wälder erhalten.

Es gibt mehrere uralte Baumgattungen, die nur in diesen Wäldern wild wachsen können. Dazu gehören die beiden einzigen Tulpenbaumarten: *Liriodendron tulipifera,* ein hohes Laubholz aus dem Osten Nordamerikas, und *Liriodendron chinense* in China und Vietnam. Der Sassafrasbaum (*Sassafras albidum*) wächst in den Wäldern des östlichen Nordamerikas, während *Sassafras tzumu* und *Sassafras randaiense* in Asien vorkommen.

Bildlegende

1: **Campbell-Magnolie**
Magnolia campbellii
Höhe: 30 m
Blüte
Dieser Baum ist in geschützten Tälern der Himalaja-Region, in Südwestchina und Nordindien zu finden. Seine hübschen rosa Blüten blühen vom späten Winter bis zum frühen Frühling.

2: **Zapfennuss**
Platycarya strobilacea
Höhe: 10 m
Frucht
Die Frucht, die dem Zapfen eines Nadelbaumes ähnelt, öffnet sich und gibt schwarze, geflügelte Samen frei, die durch den Wind verbreitet werden. Die Samen der anderen Familienmitglieder der Walnussgewächse werden durch Tiere weitergetragen.

3: **Seidenbaum**
Albizia julibrissin
Höhe: 15 m
Blüte
Dieser Baum geht nachts schlafen: Er faltet bei Einbruch der Dunkelheit seine Blätter zusammen, um den Wasserverlust zu verringern, nächtlichen Pflanzenfressern keine Angriffsfläche zu geben und seine flauschigen Blüten vor Regen zu schützen. Dies wird als Nyktinastie bezeichnet.

4: **Chinesische Hainbuche**
Hier: *Carpinus fangiana*
Höhe: 20 m
a) Frucht b) Blatt
Wegen ihrer bis zu 30 cm langen weiblichen Kätzchen wird diese seltene Hainbuche aus Westchina auf Englisch *Affenschwanz-Hainbuche* genannt.

5: **Ziegenhornbaum**
Carrierea calycina
Höhe: 10 m
Frucht
Die holzige Samenkapsel spaltet sich und rollt sich an den Spitzen ein, so dass sie Ziegenhörnern ähnelt.

6: **Chinesischer Tulpenbaum**
Liriodendron chinense
Höhe: 40 m
a) Blatt b) Frucht c) Blüte
Die gelbgrüne, tulpenförmige Blüte gibt dieser Art ihren Namen.

7: **Chinesischer Guttaperchabaum**
Eucommia ulmoides
Höhe: 15 m
Dieser Baum produziert Kautschuk. Er kommt zum Vorschein, wenn man das Blatt vorsichtig in zwei Hälften reißt: Die beiden Teile werden durch feine Latexfäden zusammengehalten. Der in China beheimatete Baum gilt in freier Natur als ausgestorben, wird aber wegen seiner Rinde angebaut, die in der traditionellen chinesischen Medizin als „Du Zhong" verwendet wird.

1
2
3
4a
4b
5
6a
6b
6c
7

Europa

Die sommergrünen Laubwälder in Europa haben von allen gemäßigten Klimazonen der Welt die geringste Vielfalt an Laubbäumen. Das ist auf das Massensterben von Pflanzen während der Eiszeiten im Pleistozän zurückzuführen, als riesige Eisschilde und kalte Luft viele Waldgebiete vernichteten. Als die Pflanzen durch die Vereisung gezwungen waren, sich nach Süden auszubreiten, wurden sie von einer gewaltigen Barriere aufgehalten – den Alpen, die von Westen nach Osten verlaufen. Viele Arten wurden ausgelöscht.

Am Ende der letzten Eiszeit (vor etwa 10 000 Jahren) schmolzen die Eismassen und zogen sich nach Norden zurück, wodurch Baumsamen freigelegt wurden, die unter den Eisschilden in einer natürlichen Samenbank geschlummert hatten. Diese keimten schnell und sorgten für die Wiederbewaldung des europäischen Kontinents. Unterstützt wurde dieser Prozess vom Wind und von Tieren wie Vögeln und kleinen Säugetieren. Heute sind die vorherrschenden Baumarten in Westeuropa die Rot-Buche (*Fagus sylvatica*), die Stiel-Eiche (*Quercus robur*) und die Trauben-Eiche (*Quercus petraea*), aber auch Ulmen (*Ulmus spp.*), Linden (*Tilia spp.*), Eschen (*Fraxinus excelsior*) und der Berg-Ahorn (*Acer pseudoplatanus*).

Zu Beginn des 20. Jahrhunderts wurden diese Wälder noch stärker in Mitleidenschaft gezogen. Aus Asien gelangte eine Baumkrankheit nach Europa, welche die Baumlandschaft veränderte und die vorhandenen Ulmenbestände auf dem ganzen Kontinent stark zurückgehen ließ. Das sogenannte Ulmensterben gab es schon seit Jahrhunderten, aber in den 1960er Jahren breitete sich ein noch virulenterer Stamm der Krankheit (*Ophiostoma novo-ulmi*) über den Kontinent aus. Übertragen von Borkenkäfern, vor allem dem Großen Ulmensplintkäfer *Scolytus scolytus*, erwies sich die Krankheit als tödlich für die europäische Ulmenpopulation und führte fast zu deren Aussterben.

Einer der letzten und größten verbliebenen mitteleuropäischen Wälder ist heute der Białowieża-Urwald an der polnisch-weißrussischen Grenze mit einer Fläche von 1 419 km². Er ist ein Gebiet von außergewöhnlicher Artenvielfalt und beherbergt die größte Population des Wisents (*Bison bonasus*) sowie eine Vielzahl geschützter Arten, darunter 59 Säugetiere, 250 Vögel und mehr als 12 000 wirbellose Tiere.

Bildlegende

1: **Winter-Linde**
Tilia cordata
Höhe: 40 m
a) Blatt mit unreifen Blüten
b) Blüte (vergrößert)
Ein großer Baum mit herzförmigen Blättern, der in alten Wäldern zu finden ist. Die kleinen Blüten sind eine wichtige Nahrungsquelle für Bienen und werden zur Herstellung von Lindenblütentee verwendet, der bei Erkältungen helfen, die Verdauung verbessern und Nervosität abbauen soll.

2: **Rosskastanie**
Aesculus hippocastanum
Höhe: 35 m
a) Samen b) Kapselfrucht
c) Blatt d) Zweig mit Endknospe
Dieser hohe, ausladende Baum steht oft in Wäldern und Parks und ist berühmt für seine glänzenden braunen Kastanien, die von einer stacheligen Schale umgeben sind. In der Vergangenheit wurden sie als Medizin für Pferde und Menschen verwendet, obwohl sie bei übermäßigem Verzehr leicht giftig sind.

3: **Kaukasische Flügelnuss**
Pterocarya fraxinifolia
Höhe: 30 m
a) Samen b) Frucht
Im Sommer produziert dieser große Baum beeindruckende kätzchenartige Ketten, die bis zu 40 cm lang sind. Die Samen haben die Form von geflügelten Nüsschen und werden durch den Wind verbreitet.

4: **Baum-Hasel**
Corylus colurna
Höhe: 25 m
Frucht
Dieser Baum säumt oft die Straßen von Städten, wo er trotz Luftverschmutzung gut gedeiht. Während seine Nüsse und Kätzchen der Gemeinen Hasel ähneln, ist die Frucht anders, denn die Nuss sitzt in einem dicht behaarten Stachelwerk aus spitzen Hüllblättern.

4
1a
1b
3b
3a
2a
2b
2c
2d

Herbstfärbung

Einen beeindruckenden Anblick bietet die Herbstfärbung der gemäßigten Wälder der nördlichen Hemisphäre. Wenn die Tage kürzer werden und die Temperaturen sinken, stellen die Laubbäume die Photosynthese ein und bereiten sich darauf vor, ihre Blätter abzuwerfen und die Winterruhe einzuleiten. Damit beginnt das Schauspiel. In den Wäldern vollzieht sich eine wahre Farbexplosion, wenn die Blätter in allen Schattierungen von Gelb über Orange und Rot bis hin zu Violett leuchten.

Der grüne Farbstoff in den Blättern wird Chlorophyll genannt und ist ein wichtiger Bestandteil der Photosynthese, des chemischen Prozesses der Energiegewinnung. Wenn die Produktion von Chlorophyll zum jährlichen Stillstand kommt und alle nützlichen chemischen Bestandteile wieder in den Baum aufgenommen werden, verschwinden die grünen Farbtöne allmählich. Dadurch kommen die schwächeren Pigmente, die teils das ganze Jahr über im Blatt verborgen sind, zum Vorschein. Karotinoide sorgen für gelbe und orangefarbene Töne, während die erst im Herbst gebildeten Anthocyane den Blättern rote und violette Herbstfarben verleihen. Einige Baumarten, z.B. Ahorn (*Acer spp.*), Eiche (*Quercus spp.*) und Tupelobäume (*Nyssa spp.*), haben einen höheren Gehalt an Karotinoiden und Anthocyanen in ihren Blättern als andere und leuchten daher im Herbst besonders spektakulär.

Die Herbstfärbung variiert von Jahr zu Jahr und hängt von den unterschiedlichen klimatischen Bedingungen ab. Die hellsten und leuchtendsten Farbspiele erfordern eine gute Versorgung des Bodens mit Feuchtigkeit durch spätsommerliche Regenfälle, frostfreie kühlere Nächte und wärmere Tagestemperaturen mit hellerem Sonnenschein. Diese Bedingungen finden sich im östlichen Nordamerika und Japan, wo sich oft die aufsehenerregendste Herbstfärbung beobachten lässt.

Wenn die Wintermonate näher rücken, verlieren die meisten Laubbäume ihre Blätter vollständig, da sie keinen Zweck mehr erfüllen. Am Ende des Blattstiels, wo Blatt und Baum verbunden sind, bildet sich eine Korkschicht, wodurch sich das Blatt löst und schließlich abfällt. Die abgefallenen Blätter, die sich langsam zersetzen, bilden die oberste Schicht des Bodens, tragen zu seiner Fruchtbarkeit bei und sind eine reiche Nahrungsquelle für Würmer und andere wirbellose Bodenbewohner.

Bildlegende

1: **Tulpenbaum**
Liriodendron tulipifera
Höhe: 50 m
Der im östlichen Nordamerika beheimatete Tulpenbaum hat ein charakteristisches vierlappiges grünes Blatt, das sich im Herbst gelb färbt.

2: **Rot-Eiche**
Quercus rubra
Höhe: 30 m
Dieser im Osten Nordamerikas beheimatete Baum ist schnellwüchsig und langlebig. Er ist bekannt für seine schöne rote Herbstfärbung und für Wildtiere sehr wertvoll: Seine Eicheln und seine Zweige bieten Nahrung für Waschbären und Rehe.

3: **Rot-Ahorn** *Acer rubrum*
Höhe: 30 m
Heimisch im östlichen Nordamerika.

4: **Schwarzer Tupelobaum**
Nyssa sylvatica
Höhe: 25 m
Heimisch im Osten Nordamerikas.

5: **Japanischer Kuchenbaum**
Cercidiphyllum japonicum
Höhe: 45 m
Die Blätter des in China und Japan beheimateten Baumes verströmen beim Blattfall einen Geruch von Karamell oder verbranntem Zucker.

6: **Amerikanische Zitter-Pappel**
Populus tremuloides
Höhe: 25 m
Heimisch in Nordamerika. Diese Zitter-Pappel bildet große Klon-Kolonien, in denen jeder Baum zur gleichen Zeit seine Farbe ändert.

7: **Weiß-Esche**
Fraxinus americana
Höhe: 30 m
Beheimatet im östlichen und mittleren Nordamerika, ist dieser Baum durch den Asiatischen Eschenprachtkäfer (*Agrilus planipennis*) bedroht, der seit 2002 schätzungsweise 30 Millionen Bäume zum Absterben gebracht hat.

8: **Amerikanischer Amberbaum**
Liquidambar styraciflua
Höhe: 45 m
Heimisch im Osten Nordamerikas.

9: **Eisenholzbaum**
Parrotia persica
Höhe: 20 m
Beheimatet im Nordiran und in der Kaukasusregion.

10: **Japanischer Ahorn**
Acer japonicum
Höhe: 10 m
Viele Ziersorten dieses in Japan heimischen Ahorns werden in Gärten gepflanzt.

1
2
3
4
5
6
7
8
9
10

Immergrüne Laubbäume

Nicht alle immergrünen Bäume sind nadeltragende Koniferen. Viele sind auch Laubbäume, darunter die leuchtend roten Glanzmispeln (*Photinia spp.*) und die dekorative Stechpalme (*Ilex aquifolium*), die wir mit Weihnachten verbinden. Trotz ihres Namens ertragen nur wenige immergrüne Laubbäume strenge Kälte und werfen sehr wohl ihre Blätter ab, wenn die Temperaturen unter den Gefrierpunkt fallen. Die Blätter werden aber beim Abfallen ersetzt, so dass immergrüne Laubbäume im Winter nie so kahl aussehen wie die sommergrünen Arten.

Ihre Blätter sind dicker, widerstandsfähiger und glänzender als die der laubabwerfenden Bäume und haben eine filzige Unterseite sowie einen dunkleren Grünton. Sie sind speziell an die harten Bedingungen des Winters angepasst – weniger Wasser, niedrige Temperaturen und weniger Licht – und können daher auch dann noch wachsen, wenn es anderen Laubbäumen nicht mehr gelingt. Immergrüne Laubbäume können außerdem schon früh im Frühjahr mit der Photosynthese beginnen, noch bevor die anderen Bäume im Wald ihre Blätter produzieren. Ihre dicken Blätter haben einen weiteren Vorteil: Sie sind für Tiere weniger schmackhaft als die Blätter laubabwerfender Bäume. Einige Bäume haben ihre Blätter sogar mit stacheligen Rändern versehen, wie z.B. die Stechpalme, oder sie sind nicht schmackhaft, etwa bitter durch hohen Tanningehalt, wie z.B. der Kalifornische Lorbeer (*Umbellularia californica*).

Im Gegensatz zu den Blättern sommergrüner Laubbäume werden immergrüne Laubblätter, wenn sie abfallen, nicht so leicht zersetzt und haben einen geringen Nährstoffgehalt, so dass die meisten immergrünen Arten auch auf kargen, nährstoffarmen Böden wachsen können.

Bildlegende

1: **Shii-Baum**
Castanopsis cuspidata
Höhe: 30 m
a) Blatt b) Frucht
Das Totholz dieses Baumes wird in Japan als Wirt für die Zucht von essbaren Shitake-Pilzen verwendet.

2: **Immergrüne Magnolie**
Magnolia grandiflora
Höhe: 25 m
a) Frucht b) Blüte
Die schwarzen Samen sind von einem fleischigen, orangefarbenen Mantel umhüllt und mit einem sehr dünnen Samenstielchen dem Funiculus, an der Frucht befestigt

3: **Stechpalme**
Ilex aquifolium
Höhe: 10 m
a) Blätter b) Früchte
Die Blätter der unteren Zweige sind glänzend und haben drei bis fünf spitze Stacheln auf jeder Blattseite. Die Blätter an den hohen Zweigen können von hungrigen Pflanzenfressern nicht erreicht werden, daher benötigen sie nicht den gleichen stacheligen Schutz.

4: **Kalifornischer Lorbeer**
Umbellularia californica
Höhe: 30 m
a) Blatt b) Frucht
Die Blätter dieses großen Laubbaumes enthalten eine Substanz namens Umbellulon, die Kopfschmerzen auslöst, wenn man sie beim Zerdrücken der Blätter einatmet.

5: **Japanische Wollmispel**
Eriobotrya japonica
Höhe: bis zu 10 m
a) Blatt b) Frucht
Dieser Baum wurde während der Tang-Dynastie aus China nach Japan eingeführt, wo er seit über tausend Jahren angebaut wird.

6: **Westlicher Erdbeerbaum**
Arbutus unedo
Höhe: 10 m
Früchte
Der Name dieses Baumes rührt daher, dass seine Früchte an Erdbeeren erinnern. Der botanische Name *unedo* stammt von Plinius dem Älteren und bedeutet „Ich esse nur eine", was darauf hindeutet, dass die Früchte nicht besonders schmackhaft sind.

7: **Winterrinde**
Drimys winteri
Höhe: 20 m
Blüten
Dieser Baum ist berühmt für seine Vitamin-C-reiche Rinde. Sir Francis Drakes Kommandeur, Vizeadmiral Sir John Winter, bemerkte im 16. Jh., dass die Bewohner*innen Patagoniens die Rinde der Bäume aßen. Jahrhundertelang wurde sie gegen die Krankheit Skorbut bei Seeleuten eingesetzt.

8: **Chilenische Scheinulme**
Eucryphia cordifolia
Höhe: 12 m
Blüte
Dieser Baum stammt aus den Wäldern Chiles.

1a
1b
2a
2b
3a
3b
4a
4b
5a
5b
6
7
8

Schindelborkige Hickorynuss

Dieser hübsche sommergrüne Laubbaum ist die Schindelborkige Hickorynuss (*Carya ovata*). Woher sie ihren Namen hat, ist offensichtlich: Bei ausgewachsenen Bäumen lösen sich lange Rindenstreifen schindelartig vom Stamm ab. Junge Bäume hingegen haben eine glatte Rinde. Der Name „Hickory" entstammt der Sprache des indigenen Volkes der Algonkin: *pockerchicory* oder *pocohicora* bezeichnet die Nuss des Baumes und das aus den Nüssen hergestellte Getränk. Hickorys gehören zur Familie der Walnussgewächse und die Früchte der Schindelborkigen Hickorynuss sind sowohl bei Menschen als auch bei Wildtieren sehr begehrt. Viele Vögel und Säugetiere ernähren sich jeden Herbst von Hickorynüssen, darunter Schwarzbären, Füchse, Mäuse, Streifenhörnchen, Eichhörnchen und Kaninchen.

Der große nordamerikanische Baum, der im Osten der USA und im Südosten Kanadas wächst, kann bis zu 350 Jahre alt werden. Seine durchschnittliche Höhe beträgt 18 bis 24 Meter, aber einzelne Exemplare können bis zu 36 m hoch werden!

Die atemberaubende gelbe Farbe ihres Herbstlaubs macht die Schindelborkige Hickorynuss zu einem der wertvollsten Bäume in jedem Arboretum, aber sie wird auch wegen ihres

hervorragenden Holzes geschätzt. Es gilt als eines der belastbarsten und stärksten Hölzer überhaupt und wird deshalb heute zur Herstellung von Werkzeuggriffen und Sportgeräten wie z. B. Baseballschlägern verwendet. Die Schindelborkige Hickorynuss gilt als Symbol der amerikanischen Pionierzeit. Die Siedler*innen nutzten das Holz in fast allen Bereichen ihres Lebens: für Gewehre, Zäune, Möbel und Wagenräder. Das Holz eignet sich auch hervorragend als Brennholz sowie zum Grillen und Räuchern von Fleisch und Fisch.

Bildlegende

Schindelborkige Hickorynuss
Carya ovata
Höhe: 36 m

1: **Endknospe**
Die Hauptknospe ist mit losen Schuppen bedeckt, aus denen das neue Wachstum hervorgeht.

2: **Weibliche Blüten**
Die weiblichen Blüten stehen normalerweise in Büscheln von bis zu drei Blüten an kurzen Rispen.

3: **Männliche Blüten**
Die Kätzchen treiben zusammen mit den neuen Blättern an der Basis der Endknospe aus.

4: **Frucht**
Die dünne, grüne Schale der Früchte reift im Herbst und wird braun. Sie teilt sich in vier Spalten und enthüllt eine einzelne Nuss.

5: **Samen**
Die Samen sind Nüsse und ähneln Pekan- bzw. Walnüssen. Sie können roh oder geröstet gegessen werden – dann sind sie noch knackiger und schmecken intensiver.

6: **Blatt**
Die blassgrünen, gefiederten Blätter haben insgesamt fünf Fiederblätter, wobei die oberen drei größer sind als die beiden an der Basis. Das gesamte Blatt färbt sich im Herbst leuchtend buttergelb.

7: **Stamm und Rinde**
Reife Baumstämme sehen zottelig aus, die graue, zerklüftete Rinde schält sich in langen Streifen ab.

Saal 3

Mediterrane Wälder

Lebensraum: Mediterraner Wald
Mittelmeerraum
Mediterrane Nadelbäume
Australischer Mallee
Kork-Eiche

Lebensraum: Mediterraner Wald

Wenn wir *mediterran* hören, stellen wir uns sofort schöne Strände und azurblaues Meer vor. Tatsächlich ist dies aber auch ein Begriff, der eine einzigartige Klimazone mit zwei Jahreszeiten bezeichnet, in der eine spezielle Gruppe von Pflanzen beheimatet ist. Diese strauchartigen Pflanzen und Bäume gedeihen in Klimazonen mit langen, trockenen, heißen Sommern und milden, feuchten Wintern und Frühjahren, und die gibt es in fünf verschiedenen Regionen der Welt, auf allen Kontinenten außer der Antarktis. Obwohl sie nur einen kleinen Teil des Erdballs bedecken, sind rund 10 Prozent der Pflanzen der Erde in diesen Regionen zu finden, darunter viele einheimische (autochtone) Arten.

Das Mediterraneum, die Region rund um das namensgebende Mittelmeer, liegt auf den drei Kontinenten Europa, Asien und Afrika. Es macht mehr als zwei Drittel der gesamten mediterranen Landschaft weltweit aus. Mit den ebenfalls mittelmeerklimatischen kalifornischen Chaparral- und Waldgebieten teilt es die Lage auf der Nordhalbkugel. Die anderen drei mediterranen Klimazonen sind über drei Kontinente der südlichen Hemisphäre verteilt: der chilenische Matorral, der südafrikanische Fynbos und der australische Mallee.

Alle Bäume, die in diesen mediterranen Wäldern und Waldgebieten wachsen, sind gut an die trockenen Böden und das einzigartige Klima angepasst. Sie wachsen im kühlen Frühjahr und nutzen die vorhandene Feuchtigkeit voll aus, um sich dann in den sommerlichen Dürreperioden auszuruhen. Ihre kleinen, steifen, lederartigen Blätter vertragen trockene Hitze und verhindern Wasserverluste. Außerdem sind sie in der Regel immergrün, wie die Kork-Eiche (*Quercus suber*) und die Pinie (*Pinus pinea*). Ein weiteres Beispiel ist der Olivenbaum (*Olea europaea*), der Inbegriff des mediterranen Baumes. Die Olive und ihr Öl sind Grundnahrungsmittel in der gesunden Mittelmeerküche.

Bildlegende

Lebensraum Mittelmeerraum

1: **Aleppo-Kiefer**
Pinus halepensis
Höhe: 25 m

2: **Pinie**
Pinus pinea
Höhe: 25 m

3: **Mittelmeer-Zypresse**
Cupressus sempervirens
Höhe: 30 m

4: **Olivenbaum**
Olea europaea
Höhe: 15 m

5: **Kork-Eiche**
Quercus suber
Höhe: 15 m

1
2
5
4
3

Mittelmeerraum

Der Mittelmeerraum ist einer der 36 Biodiversitäts-Hotspots der Welt. Ein artenreiches Gebiet, das allerdings durch Landrodung und Bebauung bedroht ist, wodurch wichtige natürliche Lebensräume verloren gehen. Erschreckenderweise haben die Regionen des Mittelmeerraums bereits 70 Prozent ihrer ursprünglichen Vegetation verloren.

Der Mittelmeerraum besteht aus immergrünen Mischwäldern sowie dichtem Macchia-Strauchland und wird von einer Vielzahl unterschiedlich hoher Hartlaubgehölze (siehe Seite 46) dominiert, darunter drei immergrüne Eichen: die Kermes-Eiche (*Quercus coccifera*), die Kork-Eiche (*Quercus suber*) und die Stein-Eiche (*Quercus ilex*). Letztere ist ein typischer mediterraner Baum und die vorherrschende Art in den Wäldern der Iberischen Halbinsel, insbesondere in Spanien. Die Blätter dieses Baumes variieren je nach Lebensraum in Form und Größe. Je rauer die Umgebung, desto kleiner und dicker sind die Blätter. Obwohl die Stein-Eiche ein immergrüner Baum ist, wirft sie alle zwei bis drei Jahre alle Blätter ab, um sich von Staub, Insekten oder beschädigten Blättern zu befreien, die ihre Gesundheit beeinträchtigen, und macht einen Neuanfang mit einem neuen „Kleid".

Im Mittelmeerraum wachsen auch viele nicht zu den Hartlaubgehölzen zählende Bäume wie verschiedene Ahornarten (*Acer spp.*), Hainbuchen (*Carpinus spp.*), Zürgelbäume (*Celtis spp.*) und der Judasbaum (*Cercis siliquastrum*), um den sich viele Mythen ranken. All diese Bäume schaffen den perfekten Lebensraum für die zahlreichen aromatischen Pflanzen, die in mediterranen Gärten gepflanzt und in der Küche verwendet werden: z.B. Rosmarin (*Salvia rosmarinus*), Lavendel (*Lavandula spp.*) und Zistrose (*Cistus spp.*), aber auch für köstliche Früchte wie Feigen (*Ficus carica*) und Granatäpfel (*Punica granatum*).

Bildlegende

1: **Stein-Eiche**
Quercus ilex
Höhe: 30 m
a) Blatt b) Frucht: Eicheln
Dieser Baum hat seinen botanischen Namen *ilex* von der Stechpalme. Die Blätter ähneln sich: einige haben an den Rändern Stacheln

2: **Echte Feige**
Ficus carica
Höhe: 10 m
Zweig mit Blättern und Früchten
Zwischen der Feige und der Feigenwespe gibt es ein wunderbares Zusammenspiel. Die Feigenfrucht ist eigentlich ein Blütenbüschel, das in einem knolligen Stängel versteckt ist und einen speziellen Bestäuber benötigt. Die Feigenwespe weiß, dass der geheime Weg in die eingeschlossene Blüte durch eine kleine Öffnung führt. Wenn sie in die Feige eindringt, legt sie ihre Eier ab und deponiert den Pollen auf den weiblichen Teilen, um die Feige zu befruchten.

3: **Granatapfel**
Punica granatum
Höhe: 6 m
a) Blätter b) Frucht
Der Granatapfel ist das Juwel der Obstwelt. Sein Name bedeutet „Apfel mit vielen Kernen", obwohl seine Frucht botanisch gesehen zu den Beeren zählt. Er gilt als Superfood und neuere Forschungen legen nahe, dass Granatapfelkerne u.a. Herzkrankheiten, Diabetes und Krebs vorbeugen können.

4: **Französischer Ahorn**
Acer monspessulanum
Höhe: 15 m
a) Blätter b) Früchte
Dieser Baum ist im Mittelmeerraum von Portugal bis zum Libanon heimisch und wurde zuerst in Südfrankreich gefunden. *Monspessulanus* ist der lateinische Name der französischen Stadt Montpellier.

5: **Europäischer Zürgelbaum**
Celtis australis
Höhe: 25 m
Frucht
Zürgeln sind essbar und sehr nahrhaft, sie haben eine knackige Schale und ein süßes, schmackhaftes Fruchtfleisch im Inneren.

1a
1b
2
3a
3b
4a
4b
5

Mediterrane Nadelbäume

Wenn du an einem heißen Sommertag in einem mediterraner Wald mit Nadelbäumen stehst, kann es sein, dass du es über dir knallen und knacken hörst. Das bedeutet nichts weiter, als dass die Natur direkt über deinem Kopf ihre Magie ausübt.

Dieses Geräusch entsteht, wenn die weiblichen Kiefernzapfen in den Kronen der Nadelbäume heranreifen. Die Schuppen der holzigen Zapfen werden durch die hohen Lufttemperaturen oder die Hitze von Waldbränden aufgedrückt und geben die kleinen, geflügelten Samen frei. Vom Wind getragen, finden die Samen schließlich ihren Weg auf den Waldboden. Die kleineren Samen von Bäumen wie der Aleppo-Kiefer (*Pinus halepensis*) und der Schwarz-Kiefer (*Pinus nigra*) können bis zu einem Kilometer weit zu ihrem neuen Zuhause reisen. Je trockener und wärmer die Bedingungen sind, desto weiter wandern die Samen, um den häufig durch Feuer freigelegten Boden wieder zu besiedeln. Bei nassem Wetter schließen sich die Schuppen des Zapfens wieder. So bleiben die darin verbliebenen Samen geschützt. Steigt die Temperatur, öffnen sich die Zapfen erneut. Dieser Prozess wiederholt sich, bis alle Samen freigesetzt sind und die Zapfen zu Boden fallen.

Es gibt noch andere Wege, wie sich die Samen in diesen dichten Wäldern verbreiten können. Die Pinie (*Pinus pinea*) produziert große ungeflügelte Samen, die direkt auf den Boden fallen, wenn die Zapfen aufbrechen: ein gefundenes Fressen für alle möglichen hungrigen Tiere, einschließlich kleiner Nagetiere und Vögel.

Einer der bekanntesten Bäume dieser Region ist die Libanon-Zeder (*Cedrus libani*). Dieser riesige, aufrechte Nadelbaum stammt aus den Bergen des östlichen Mittelmeerraums und ist sehr geschichtsträchtig. Seine Zapfen und sein Holz waren in der antiken Holzverarbeitung begehrt und im alten Ägypten als Harzquelle für die Mumifizierung. Sein Holz ist außerdem sehr haltbar, stabil und wohlriechend, was es resistent gegen Insektenbefall macht. Es wurde häufig für den Bau von Tempeln, Palästen und Schiffen verwendet – ein berühmtes Beispiel ist der Tempelbau König Salomos in Jerusalem.

Bildlegende

1: **Aleppo-Kiefer**
Pinus halepensis
Höhe: 25 m
a) Blätter
b) reife Samenzapfen
Das Harz der Aleppo-Kiefer wurde in der Antike zum Versiegeln von Weinflaschen verwendet. Es verhinderte die Oxidation und verlieh dem Wein außerdem ein Harzaroma. Auch heute noch wird der griechische Weißwein Retsina während der Gärung mit kleinen Stücken Kiefernharz aromatisiert.

2: **Schwarz-Kiefer**
Pinus nigra
Höhe: 50 m
a) junger weiblicher Zapfen
b) Querschnitt des jungen weiblichen Zapfens
c) reifer Samenzapfen
d) Blätter mit männlichen Zapfen
Diese stattliche Kiefer hat steife Nadeln, die paarweise stehen. Ihre Blütenzapfen öffnen sich im Mai – die weiblichen sind rot, die männlichen gelb und voller Pollen.

3: **Libanon-Zeder**
Cedrus libani
Höhe: 40 m
Zweig mit reifem Samenzapfen
Die Libanon-Zeder ist das Symbol der Syrisch-Maronitischen Christen und befindet sich in der Mitte der libanesischen Nationalflagge.

4: **Stech-Wacholder**
Juniperus oxycedrus
Höhe: 15 m
a) Zweig mit reifen Samenzapfen
b) junger weiblicher Zapfen
c) Querschnitt des jungen weiblichen Zapfens
Aus dem Holz des Stammes und der Äste dieses Baumes wird durch Wasserdampfdestillation Wacholderteer oder ein ätherisches Öl namens Cadeöl hergestellt. Es wird zur Behandlung von Hautreizungen verwendet.

1a
2b
2c
2a
2d
1b
4b
3
4a
4c

Australischer Mallee

Der australische Mallee ist die zweitvielfältigste mediterrane Landschaft (siehe Seite 46). Er besteht aus einer Vielzahl von kleinen Bäumen und holzigen Sträuchern, wird aber von Eukalypten (die zur Familie der Myrtengewächse gehören) dominiert. Es gibt über 700 endemische Arten in Australien, mehrere Hundert Arten wachsen im Mallee.

Eukalyptusbäume produzieren in ihren Blättern und ihrer Rinde die giftige Substanz Eukalyptol, die ein natürliches Insektenschutzmittel ist und sie für fast alle Tiere ungenießbar macht. Aus diesem Grund können die Bäume nicht von Insekten bestäubt werden, sondern sind selbstbestäubend. Das Ergebnis ist ein atemberaubendes Schauspiel: Zu jeder Jahreszeit blühen die Bäume mit roten, gelben oder weißen, quastenförmigen Blüten auf. Die Blüten haben keine Blütenblätter, sondern Hunderte von flauschigen, pollenhaltigen Staubgefäßen. Diese werden benötigt, um sicherzustellen, dass ausreichend Pollen für die Selbstbestäubung vorhanden ist, da es keine Möglichkeit gibt, ihn zu transportieren.

Das Wort „Mallee" stammt von den Aborigines und bezieht sich auf die Art und Weise, wie Eukalyptusbäume aus den Wurzelstöcken wieder austreiben und sich zu neuen Bäumen mit mehreren Stämmen entwickeln. Die nährstoffarmen, sandigen Böden bieten trockene Bedingungen, unter denen nur wenige Bäume überleben können. Eukalypten haben sich jedoch gut an diese raue Umgebung angepasst. Jeder dieser Bäume hat einen „Lignotuber" – eine unterirdische verholzte Verdickung, in der die Vermehrung stattfindet. Der Lignotuber enthält „schlafende Knospen", aus denen neue Triebe wachsen, und auch Stärke, die die Triebe ernährt. Das ist besonders wichtig ist, wenn das Laub der Bäume durch die häufigen Waldbrände in der Region beschädigt wird.

Andere kleine Baumarten, die im Unterholz wachsen können, sind Akazien (*Acacia spp.*) und Myrtenheiden (*Melaleuca spp.*). Wie die Eukalypten sind sie in der Lage, unter den trockenen Bedingungen des Mallee zu gedeihen.

Bildlegende

1: **Roter Mallee**
Eucalyptus oleosa
Höhe: 12 m
a) junge Samenkapseln
b) Blüte c) Blätter
Die Kapselfrüchte dieses Eukalyptus werden „Gumnuts" („Gumminüsse") genannt und sind nicht essbar. Sie haben am Ende Ventile, die sich durch wetter- oder waldbrandbedingte Hitze öffnen und die kleinen, wachsartigen Samen in Massen freisetzen.

2: **Glockenfrucht-Mallee**
Eucalyptus preissiana
Höhe: 5 m
Blüte
Dieser Baum produziert atemberaubende, leuchtend gelbe Blüten, die bis zu 3 cm groß werden. Auf die Blüten folgen im Oktober glockenförmige Früchte.

3: **Rotblühender Mallee**
Eucalyptus erythronema
Höhe: 6 m
a) Blüte b) Blütenknospe
c) aufbrechende Knospe
Das Wort Eukalyptus ist eine Kombination aus dem lateinischen Wort *eu* für „gut" und dem griechischen Wort *kalyptos* für „bedeckt", was die kappenartige Struktur (Operculum) beschreibt, die die Blütenknospen bedeckt und die flauschigen Staubgefäße zurückhält.

4: **Australische Akazie**
Hier: *Acacia montana*
Höhe: 3 m
a) Blätter b) Blüten c) Blütenknospen

5: **Seifen-Mallee**
Eucalyptus diversifolia
Höhe: 6 m
a) Blätter b) Blüte c) Frucht

6: **Schwarzer Teebaum**
Melaleuca lanceolata
Höhe: 10 m
Blüten
Diese Myrtenheide ist eine sehr robuste Pflanze. Da sie oft in Meeresnähe wächst, ist sie salzhaltigen Winden und extremer Hitze ausgesetzt, gedeiht aber auch unter diesen Bedingungen. Die nektarreichen Blüten sind bei honigfressenden Vögeln und Honigbienen beliebt.

1a
2
3a
1c
1b
5a
3b
4a
5b
3c
4b
5c
4c
6

Kork-Eiche

Die Kork-Eiche (*Quercus suber*) ist berühmt für ihre Rinde – ein äußerst vielseitiges Naturprodukt. Der immergrüne Baum ist eine von mehr als 500 Eichenarten, die in den gemäßigten und tropischen Regionen der nördlichen Hemisphäre vorkommen. Die einzigartigen Wälder, in denen diese Bäume wachsen, sind in Portugal als Montado und in Spanien als Dehesa bekannt. Sie spielen eine wichtige Rolle bei der Erhaltung des Lebensraums einiger stark bedrohter Tierarten, darunter der Iberische Luchs (*Lynx pardinus*) und der Iberienadler (*Aquila adalberti*).

Kork besteht aus vielen abgestorbenen, luftgefüllten Zellulosezellen und einer wasserfesten Substanz namens Suberin, wodurch er leicht, wasserundurchlässig und schwimmfähig ist. Aufgrund seiner thermischen und feuerhemmenden Eigenschaften wird er von vielen Herstellern verwendet, unter anderem in der Raumfahrtindustrie. Im Jahr 1981 wurde Kork von 225 Bäumen geerntet, um den riesigen Treibstofftank der Raumfähre Columbia zu isolieren.

Kork findet heute Verwendung für Schuhe, Fußböden und Yogamatten. Die Ernte der dicken Rinde dieser besonderen Eiche ist jedoch eine uralte und nachhaltige Praxis, die seit Tausenden von Jahren von erfahrenen Fachleuten mit einer Axt durchgeführt wird. Das Ernten der Rinde schadet dem Baum nicht. Die Rinde regeneriert sich vielmehr und wächst jährlich in Ringen nach. Allerdings muss die Rinde mindestens alle neun Jahre wieder geerntet werden, also etwa 15-mal im Leben einer Kork-Eiche. Die durchschnittlich große Korkeiche wird etwa 150 bis 200 Jahre alt und kann in dieser Zeit etwa eine Tonne Rohkork produzieren, was mehr als 65 000 Flaschenkorken ergibt.

Bildlegende

Kork-Eiche
Quercus suber
Höhe: 15 m

1a: **Unreife Eicheln**
Vor der Reife sind die Eicheln kürzer und grün. Wenn sie reif sind, werden sie länger und nussbraun.

1b: **Reife Eicheln**
Nicht viele Eicheln sind essbar, die Eicheln der Korkeiche schon! Sie werden, wie Kastanien, vor dem Verzehr gekocht.

2: **Baum mit vom Hauptstamm und den Ästen abgeernteter Korkrinde**
Wenn du durch einen ausgewachsenen Kork-Eichenwald gehst, wirst du verschiedene Arten und Farben von Rinde bemerken. Die Rinde eines nicht abgeernteten Baumes ist sehr blass, fast grau, im Vergleich zu einem frisch abgeernteten Baum, der leuchtend rot ist. Ein Baum, dessen Rinde vor einigen Jahren geerntet wurde, ist dunkelbraun bis nahezu schwarz. So kann man erkennen, wann die Rinde zuletzt geerntet wurde.

3: **Querschnitt durch den Stamm. Zu sehen ist die dicke, schwammige Rindenschicht.**
Nur 1 cm^3 Rinde enthält bis zu 40 Millionen Luftzellen. Wenn die Zellen durchtrennt und zu Flaschenkorken geformt werden, halten sie durch den Saugnapfeffekt im Flaschenhals fest.

4: **Blüte**
Kork-Eichen sind einhäusig (siehe Seite 84), d.h. sowohl männliche als auch weibliche Blüten wachsen an einem Baum. Die männlichen Blüten sind 4-7 cm lang und wachsen als gelbe, hängende Kätzchen. Die Befruchtung findet durch den Wind statt.

1a
1b
2
3
4

Saal 4

Tropische Feuchtwälder

Lebensraum: Tropischer Feuchtwald
Afrikanische und Asiatische Regenwälder
Amerikas Regenwälder
Gelber Merantibaum

Lebensraum: Tropischer Feuchtwald

Der immergrüne Regenwald ist heiß, feucht und voller hoch aufragender Bäume, die dicht an dicht nach oben im Dunst verschwinden. Auf jeder Ebene pulsiert er vor Leben: große Insekten krabbeln auf dem Dschungelboden und auffällige Nashornvögel, Papageien und Tukane lassen ihr Gefieder zwischen den Bäumen aufblitzen, während exotische Großkatzen im dichten Unterholz umherstreifen.

Solche Regenwälder befinden sich in Südamerika, Afrika, Asien sowie Nordost-Australien und umfassen auch das Amazonas- und Kongobecken. Sie zeichnen sich durch eine das ganze Jahr über gleichbleibende Anzahl von Tageslichtstunden und konstante Durchschnittstemperaturen zwischen 26 °C und 27 °C aus. Außerdem gibt es in diesen Regionen viel Feuchtigkeit: über 2 000 mm pro Quadratmeter Niederschlag im Jahr.

Regenwälder sind der Inbegriff biologischer Vielfalt und beherbergen die meisten Baumarten aller Waldlebensräume: Auf einem Quadratkilometer wachsen mehr als 1 000 immergrüne oder halbimmergrüne Baumarten. Der Wald ist in Schichten unterteilt: Ganz oben ragen die *Überständer*, also die Baumriesen, die über 30 m hoch werden, wie Inseln aus dem dicht gedrängten *Kronendach* der oberen Baumschicht heraus, wo sie viel Sonnenlicht und Regen erhalten. Darunter, in der dunkleren und feuchteren *unteren Baumschicht* konkurrieren viele Pflanzen um das kostbare Sonnenlicht. Die untersten Ebenen – *Strauch- und Krautschichten* – werden nur von 2 Prozent des Sonnenlichts erreicht. Die Bäume in den unteren Schichten sind klein, haben aber größere Blätter, um das wenige Sonnenlicht, das durch das Blätterdach fällt, optimal zu nutzen.

Leider verschwinden diese majestätischen Regenwälder immer schneller. Jeden Tag werden viele Tausend Hektar Regenwald verbrannt, um Platz für landwirtschaftlich genutzte Fläche wie Plantagen zu schaffen. Auch der Holzeinschlag hat wesentlich dazu beigetragen, dass in den letzten 50 Jahren mehr als die Hälfte der tropischen Regenwälder auf der Welt verschwunden ist. Umso wichtiger ist es, diese besonderen Orte zu schützen.

Bildlegende

Malaysischer Regenwald

1: **Würge-Feige**
Hier: *Ficus virens*
Höhe: 40 m

2: **Zweiflügelfruchtbaum**
Hier: *Dipterocarpus retusus*
Höhe: 60 m

3: **Narrabaum**
Pterocarpus indicus
Höhe: 40 m

4: **Mangostane**
Garcinia mangostana
Höhe: 10 m

2
3
4
1

Afrikanische und asiatische Regenwälder

Im Kongobecken, das sich über sechs afrikanische Länder erstreckt, wächst der zweitgrößte tropische Regenwald der Erde. Er beherbergt mehr als 10 000 Pflanzenarten, darunter mehr als 600 Baumarten, die vielen gefährdeten Tieren Schutz bieten, z.B. dem westlichen Flachlandgorilla (*Gorilla gorilla gorilla*) und dem Berggorilla (*Gorilla beringei beringei*).

Im Gegensatz zum Amazonasgebiet haben die Bäume in diesen Wäldern in der Regel eine dünne, glatte Rinde, um Kletterpflanzen fernzuhalten, oder, wie im Fall des Kapokbaumes (*Ceiba pentandra*), eine dornige Rinde, die Tiere davon abhält, sie zu fressen. Das Holz ist außerdem extrem hart und dicht, um Schutz vor Termiten und anderen holzfressenden Insekten zu bieten. Leider hat sich diese Anpassung zum Nachteil ausgewirkt: sie macht das Holz der Bäume zu einem wertvollen Handelsgut. Westafrika hat unter der starken Abholzung gelitten und heute sind weniger als 20 Prozent der Regenwälder intakt.

Die südostasiatischen Regenwälder gehören zu den ältesten Wäldern der Erde und existieren seit mehr als 100 Millionen Jahren. Sie befinden sich in Vietnam und Thailand sowie auf der malaiischen Halbinsel und dem malaiischen Archipel. Dazu zählen die Insel Borneo (Malaysia, Brunei und Indonesien) sowie die indonesischen Inseln Sumatra, Java und Bali. Auch die vielen Inseln der Philippinen liegen in der Regenwaldzone.

Die Vegetation in diesen alten Wäldern ist artenreich und vielfältig, und eine Großzahl der Bäume ist immergrün. Vorherrschend sind Bäume aus der Familie der Flügelfruchtgewächse (*Dipterocarpaceae*, was so viel wie zweiflügelige Früchte bedeutet). Dazu zählt z.B. der Urwaldriese *Dipterocarpus retusus*. Er kann bis zu 60 m hoch werden und ragt mit seinen glatten, geraden Stämmen weit über das Kronendach hinaus.

Bildlegende

1: Asiatischer Kapokbaum
Bombax ceiba
Höhe: 25 m
a) Blüte b) Frucht
Die leuchtend roten Blüten erscheinen im Frühjahr, bevor sich die Blätter entwickeln, und enthalten süßen, berauschenden Nektar, der für Vögel, Eichhörnchen und Bienen, die den Kapokbaum bestäuben, unwiderstehlich ist.

2: Rambai-Baum
Baccaurea motleyana
Höhe: 12 m
a) Frucht
b) Querschnitt durch die Frucht
Die meisten Bäume tragen ihre Blüten an den jungen, frisch gewachsenen Trieben, aber bei einigen, wie dem Rambai-Baum, finden sich Blüten und Früchte an Stämmen und Hauptästen. Diese botanische Besonderheit heißt „Kauliflorie" und kann auftreten, wenn die großen Früchte zu schwer sind, um von Zweigen allein getragen zu werden. Außerdem erleichtert die Kauliflorie die Verbreitung der Samen durch große Tiere wie z.B. Primaten, die die Früchte hoch oben in den Baumkronen nicht erreichen könnten.

3: Zweiflügelfruchtbaum
Dipterocarpus retusus
Höhe: 60 m
a) Blatt b) Blüte
c) Frucht d) Blütenteile
Zweiflügelfruchtbäume produzieren ein öliges Harz am Stamm, das sich überall dort ansammelt, wo die Rinde beschädigt ist. Es hilft bei der Abwehr von Bakterien, Pilzen und Tieren.

4: Kolabaum
Hier: *Cola acuminata*
Höhe: 20 m
Blüten
Die Nüsse der Kolabäume enthalten 2 % Koffein, Theobromin und Colanin und wurden schon früh für die Herstellung vieler kohlensäurehaltiger Erfrischungsgetränke, einschließlich Coca-Cola™, verwendet.

1a
1b
2a
2b
3a
3b
3c
3d
4

Amerikas Regenwälder

Die sogenannten neotropischen Regenwälder gibt es auf den Karibischen Inseln, in Mittel- und Südamerika. Der größte ist der Amazonas-Regenwald, der unglaubliche 45 Prozent des gesamten tropischen Regenwaldes weltweit ausmacht. In ihm wachsen schätzungsweise 390 Milliarden einzelne Bäume.

Die Bäume in diesen Wäldern haben massive, breite Stämme, die bei starken Winden nicht umkippen. Die Blätter sind dick und wachsartig und oft von ovaler Form. Sie haben Tropfspitzen, die den Niederschlag ableiten und die Verdunstung unterstützen.

Leider droht ein großer Teil des Regenwaldes zu verschwinden, Abholzung und Brandrodung schaffen Platz für Viehzucht, Bergbau und illegalen Holzeinschlag. Ein Feuer im Regenwald tötet die meisten Bäume und Setzlinge. Das liegt daran, dass die Waldbrände erst in jüngerer Zeit und vom Menschen verursacht wurden, so dass die Bäume keinen Grund hatten, eine natürliche Resistenz gegen Feuer zu entwickeln. Die weit verstreut wachsenden Bäume, die als Überständer aus dem Kronendach herausragen, erreichen im Durchschnitt eine Höhe von 30 bis 50 Metern, aber im tropischen Tieflandwald wachsen einige von ihnen in schwindelerregende Höhen von bis zu 90 Metern und gedeihen trotz starker, trockener Winde. Urwaldriesen wie der Rio-Palisander (*Dalbergia nigra*) und der Paranussbaum (*Bertholletia excelsa*) haben abgeflachte, ausladende Kronen, die einem großen Regenschirm ähneln, um eine möglichst große Fläche der Sonne auszusetzen und gleichzeitig die Verschattung der unteren Teile des Baumes durch die Blätter zu reduzieren.

In diesen Wäldern gibt es eine große Vielfalt anderer blühender Pflanzen, darunter mehr Kletterpflanzen als in allen Regenwäldern Afrikas und Asiens, sowie Epiphyten, auch Aufsitzer-Pflanzen genannt, die auf den Stämmen und Ästen der Bäume wachsen. Auf einzelnen Bäumen wurden bis zu 200 Orchideen (*Orchidaceae*) und 1 500 andere Epiphyten gefunden.

Bildlegende

1: **Westindisches Mahagoni**
Swietenia mahagoni
Höhe: 25 m
a) Frucht b) Blüte c) reifende Frucht
d) Schnitt durch die Frucht
Mahagoniholz ist von einem dunklen Rotbraun und wird für die Herstellung von hochwertigen Möbeln, Klavieren und anderen Musikinstrumenten, für den Bootsbau und für Furniere geschätzt.

2: **Dieselbaum**
Copaifera langsdorffii
Höhe: 35 m
Samenkapsel
Der Stamm dieses Baumes wird angezapft, um einen kohlenwasserstoffreichen Saft zu gewinnen, der als Ersatz für Dieselkraftstoff verwendet werden kann, ohne dass er raffiniert werden muss – daher die englische Bezeichnung Dieselbaum.

3: **Rio-Palisander**
Dalbergia nigra
Höhe: 40 m
Radialschnitt
Dieser Baum hat schokoladenbraunes Holz mit dunkler, kontrastierender Maserung, oft als „Spinnweben" bezeichnet. Der Rio-Palisander kann auf sehr kargen, unfruchtbaren Böden schnell wachsen, da er an seinen Wurzeln Mikroorganismen produziert, die Stickstoff aus der Atmosphäre aufnehmen und so umwandeln können, dass ihn der Baum für sein Wachstum nutzen kann.

4: **Guajak-Baum**
Hier: *Guaiacum officinale*
Höhe: 9 m
a) Blüten b) Blätter c) Früchte
d) offene Samenkapsel
Dieser Baum wird zur Behandlung von Husten, Mandelentzündung und Arthritis eingesetzt. Sein Pockholz genanntes Holz ist das härteste und schwerste Holz der Welt und eignet sich daher ideal zur Herstellung von Maschinenteilen wie Lagern, Wellen, Zahnrädern und Laufrollen.

1a
1b
1c
1d
2
3
4a
4b
4c
4d

Gelber Merantibaum

Mit fast 101 Metern Höhe ist ein Gelber Merantibaum (*Shorea faguetiana*) der höchste tropische Baum der Welt. Das Team, das ihn 2019 gefunden hat, hat ihn passenderweise „Menara" – malaysisch „Turm" – genannt. Er überragt die Baumkronen auf der Insel Borneo, wo er tief im Danum-Tal-Naturschutzgebiet ungestört wachsen kann. Wissenschaftler*innen glauben, dass in der Region noch höhere Gelbe Merantibäume entdeckt werden könnten.

Das Danum-Tal, in dem Menara zu Hause ist, ist eines der am besten geschützten Gebiete Südostasiens und bietet einigen der am stärksten gefährdeten Tiere der Welt wie dem Borneo-Orang-Utan (*Pongo pygmaeus*) und dem scheuen Nebelparder (*Neofelis diardi*) Schutz. Für die Gelben Merantibäume erweist es sich als regelrechter Hotspot: Im Jahr 2016 wurde ein ganzer Hain von ihnen gefunden; jedes Exemplar war über 90 Meter hoch. Wissenschaftler*innen glauben, dass Menara mit seinen fast 101 Metern die maximale Höhe markiert, die ein Baum auf der Erde überhaupt erreichen kann. Noch viel höher, und es wäre für den Baum unmöglich, lebenswichtigen Zucker und Wasser in seine Krone zu pumpen. Um den starken, jahreszeitlich bedingten Winden, die durch das Tal wehen, standzuhalten, hat der Gelbe Merantibaum enorme

Strebpfeiler – Brettwurzeln genannt – an der Basis des Stammes entwickelt, die schätzungsweise 81 000 kg wiegen. Sein gerader Wuchs und sein schönes, hellgelb-braunes Holz haben leider bewirkt, dass er viel von Abholzung betroffen und deshalb vom Aussterben bedroht ist.

Bildlegende

Gelber Merantibaum
Shorea faguetiana
Höhe: 100,8 m

1: **Baum**
Die Pflanzengattung *Shorea* ist nach Sir John Shore benannt, dem Generalgouverneur der britischen Ostindien-Kompanie zwischen 1793 und 1798.

2: **Frucht**
Der Gelbe Merantibaum gehört zur Familie der Zweiflügelfruchtbäume (*Dipterocarpen*). Die nussähnlichen Samen der meisten Familienmitglieder haben zwei Flügel, aber die *Shorea*-Arten sind dreiflüglig und ähneln einem Federball, was es dem Wind erleichtert, die Samen auf dem Waldboden zu verteilen. Ein einzelner Gelber Merantibaum kann in einer Saison bis zu 120 000 energiereiche Samen produzieren.

3: **Blätter**
Die Blätter des Gelben Merantibaumes sind lang und wechselseitig entlang des Zweigs angeordnet. Sie haben eine stark glänzende Oberfläche, an der Regenwasser schnell abperlt.

4: **Blüten in der Knospe**
In unregelmäßigen Abständen von drei bis zehn Jahren werden sehr viele Blüten gebildet. Der Baum produziert dann viele Samen, damit das Überleben in Dürrezeiten und trotz samenfressender Räuber gewährleistet ist.

Saal 5

Tropische Trockenwälder und wechselfeuchte Tropen

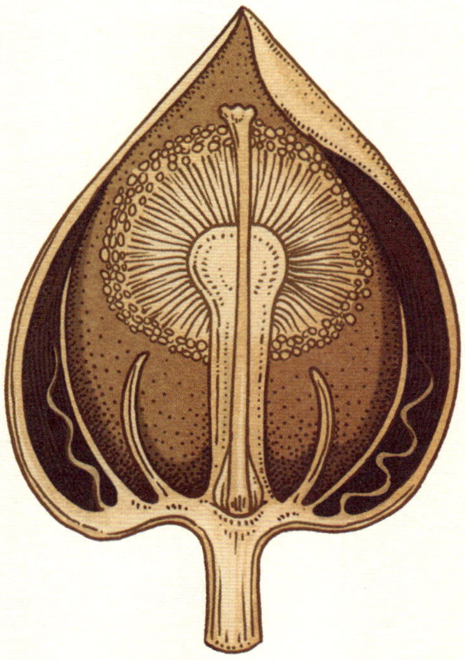

Lebensraum: Tropischer Trockenwald
Trockene Tropen
Savanne
Affenbrotbaum

Tropische Nüsse und Gewürze
Tropische Früchte

Lebensraum: Tropischer Trockenwald

Die meisten Menschen stellen sich, wenn sie an tropische Wälder denken, üppige immergrüne Vegetation und dampfendes Dschungelklima vor, aber das ist nicht ganz richtig. Trockenwälder findet man in den Tropen Südamerikas, Afrikas und Asiens. Die Durchschnittstemperaturen liegen das ganze Jahr über bei über 20 °C, und es gibt eine lange Trockenzeit, die Monate dauern kann. Dass es zwei Jahreszeiten gibt, unterscheidet die Trockenwälder von den immerfeuchten Regenwäldern, in denen ohne Unterschied zwischen Trocken- und Regenzeit das ganze Jahr über ein konstantes Klima herrscht.

Obwohl diese Wälder weniger artenreich sind als die immerfeuchten Regenwälder, sind sie dennoch ein wichtiger Lebensraum für eine Vielzahl von Tieren, die oft nur in diesen Regionen vorkommen. Tiere wie Affen, Großkatzen (darunter zum Beispiel Tiger), Nagetiere, bodenbewohnende Vögel und Fledermäuse ernähren sich je nach Jahreszeit unterschiedlich und speichern Fett, um in diesem schwierigen Klima zu überleben.

Viele Baumarten dieser einzigartigen Wälder sind laubabwerfend und verlieren zu Beginn der Trockenzeit ihre Blätter, um den Wasserverlust zu verringern. Wenn die Blätter auf den Waldboden fallen, beginnt schnell ihre Zersetzung. Unter Beteiligung verschiedener Insekten und Bakterien verwandelt sich so das alte Laub in Nährstoffe für die Bäume. Spezialisierte Pilze erleichtern zusätzlich die Aufnahme der Nährstoffe, indem sie symbiotische Beziehungen mit den feinen Baumwurzeln der oberen Bodenschicht eingehen (siehe Seite 6-7). Wegen dieses nährstoffreichen Bodens werden die Trockenwälder viel zur Gewinnung landwirtschaftlicher Flächen abgeholzt und gehören deshalb zu den am stärksten bedrohten tropischen Regenwäldern.

Obwohl sie als Trockenwald bezeichnet werden, können in diesen Regionen in der Regenzeit große Niederschlagsmengen fallen: in den Sommermonaten bis zu ein oder sogar zwei Meter pro Quadratmeter. In Asien und einigen Teilen Afrikas wird dies stark vom Monsun beeinflusst, der kurze, heftige Regengüsse mit bis zu 700 mm Niederschlag pro Tag bringen kann. Dieser Regen wird benötigt, damit die Bäume wieder Blätter austreiben und eine neue Wachstums- und Blütensaison beginnen kann.

Bildlegende

Savannen im äquatorialen Ostafrika

1: **Flöten-Akazie**
Vachellia drepanolobium
Höhe: 6 m

2: **Fieberbaum**
Acacia xanthophloea
Höhe: 25 m

3: **Affenbrotbaum (Baobab)**
Adansonia digitata
Höhe: 20 m

2
1
3

Trockene Tropen

Zu Beginn der Trockenzeit erwachen einige Bäume in den tropischen laubabwerfenden Wäldern Afrikas zum Leben. Blühende Bäume wie der Afrikanische Tulpenbaum (*Spathodea campanulata*) schmücken den Wald mit ihren auffälligen Blüten und heben sich von ihren Baumnachbarn ab, die in dieser Zeit ihre Blätter abwerfen, um Wasser zu sparen. Auch die kahlen Bäume erfüllen einen Zweck: Sie öffnen das Kronendach, damit das Sonnenlicht den Waldboden erreichen kann. So entsteht ein dichtes Unterholz, auf das viele Tierarten zum Überleben angewiesen sind.

Die Bäume in diesen Wäldern haben zahlreiche Methoden entwickelt, um mit den extremen Jahreszeiten zurechtzukommen. In Mexiko und im tropischen Amerika, wo die Trockenwälder auf die Regenwälder treffen, speichert der Kapokbaum (*Ceiba pentandra*) überschüssiges Wasser, das während der Regenzeit aufgefangen wird, in seinem Stamm. Diese Eigenschaft haben auch die Affenbrotbäume oder Baobabs in Afrika (siehe Seite 74). Die kostbare Wasserreserve versorgt den Baum in den trockenen Monaten mit Nährstoffen, ebenso wie seine flachen Wurzeln, die das Wasser von der Oberfläche aufnehmen. Um sich vor Tieren zu schützen, die es auf das Wasser abgesehen haben könnten, hat der Kapokbaum noch einen weiteren Trick auf Lager: An seinen Ästen und am Hauptstamm hat er außerordentlich scharfe Stacheln, die Dornen an einem Rosenstrauch ähneln. Diese Stacheln sind auch ein Hilfsmittel für Kletterpflanzen oder Lianen, die sich an dem ansonsten glatten Stamm festhalten und zum Licht hinaufwachsen.

Viele Bäume in diesen Regionen setzen auf mehrere Arten der Samenverbreitung, neben dem Wind sind hier die Tiere beteiligt: Die Samen können an Vögeln und Fledermäusen hängen bleiben, oder durch den Kot von Tieren wie Elefanten verbreitet werden. Auch Insekten wie Ameisen und Mistkäfer tragen dazu bei, die Samen vom Mutterbaum zu einem geeigneten Saatbett zu bringen.

Bildlegende

1: **Afrikanischer Tulpenbaum**
Spathodea campanulata
Höhe: 23 m
Blüte
Die leuchtenden Blüten, die in fußballgroßen Büscheln zusammenstehen, öffnen sich wie Untertassen und enthalten reichlich süßen Nektar, der Schwärme von bestäubenden Kolibris anlockt.

2: **Cocobolo**
Dalbergia retusa
Höhe: 20 m
a) Samenkapsel
b) Tangentialschnitt
Das Kernholz dieses Baumes ist hart, schwer, strapazierfähig und dunkelrot, mit schwarzen Streifen in der Maserung. Es findet vielfach Verwendung, z.B. für Besteck und Werkzeuggriffe, Musikinstrumente und wissenschaftliche Geräte. Deshalb werden die Bestände so stark ausgebeutet, dass die Art gefährdet ist.

3: **Kapokbaum**
Ceiba pentandra
Höhe: 70 m
a) Baumstamm mit Stacheln
b) Samenkapsel
Dieser Baum ist die Quelle von Kapok, einer baumwollähnlichen, wasserfesten Faser, die aus den Samenkapseln gewonnen wird. Dieses daunenähnliche Material wurde viel zum Füllen von Matratzen, Schwimmwesten, Kissen und Polstern sowie zur Isolierung verwendet. Heute ist es weitgehend durch synthetische Materialien ersetzt worden.

1
2a
2b
3a
3b

Savanne

Die Savanne ist ein weitläufiges, hügeliges tropisches Grasland mit Bäumen und Sträuchern in Äquatornähe. Die bekannteste Savanne ist die Serengeti im afrikanischen Land Tansania mit einer Fläche von rund 30 000 km^2. Sie ist berühmt für ihre einzigartige Tierwelt mit Löwen, Giraffen, Elefanten und Zebras sowie mit Herden anderer weidender Pflanzenfresser, die sich von Gräsern ernähren.

Savannen entstehen dort, wo es nicht genug Regen gibt, um einen tropischen Regenwald zu erhalten, aber genug, um zu verhindern, dass die Region zu einer Wüste wird. In dem sorgfältig ausbalancierten Ökosystem gibt es zwei verschiedene Jahreszeiten: eine Regenzeit und eine Trockenzeit mit ganzjährig hohen Lufttemperaturen. Der Wassermangel, die Hitze und die starken Winde machen es hohen Bäumen sehr schwer zu wachsen, aber viele Arten haben sich an diese harten Bedingungen angepasst. Einige Bäume produzieren nur während der Regenzeit Blätter, haben tiefe Pfahlwurzeln, die bis weit in den wassergesättigten Boden reichen, und können überschüssiges Wasser in ihren Wurzeln und Stämmen speichern.

Die Bäume müssen nicht nur widerstandsfähig genug sein, um die ungünstigen Wetterbedingungen zu überstehen. Auch Gefahren wie Waldbrände und gefräßige Insekten und Tiere stellen eine große Bedrohung für ihr Überleben dar. Dagegen haben die Bäume in diesen Regionen einige clevere Verteidigungsmechanismen. Die typischen Akazien zum Beispiel, die in der Savanne ein vertrauter Anblick sind, geben giftige Alkaloide in die Blätter ab, sobald ein Tier wie eine Giraffe das erste Mal zubeißt. Der Baum sorgt mit dem für die Giraffe ungenießbaren bitteren Geschmack dafür, dass sie aufhört zu fressen; zugleich warnt er auch die benachbarten Akazien vor der Gefahr. Das bewerkstelligt er, indem er ein Pheromon in die Luft abgibt, das wiederum die Blätter der Nachbarakazien dazu veranlasst, die gleichen Chemikalien auszustoßen.

Bildlegende

1: **Flammenbaum**
Delonix regia
Höhe: 12 m
a) Blüte
b) Blatt
Der botanische Name der Gattung beruht auf dem spektakulären Aussehen der Blüten. Er leitet sich von den griechischen Wörtern *delos* für „auffällig“ und *onyx* für „Klaue“ ab. Aufgrund der Zerstörung seines Lebensraums in Madagaskar ist dieser wunderschöne Blütenbaum zunehmend bedroht.

2: **Fieberbaum**
Acacia xanthophloea
Höhe: 25 m
a) Blätter b) Blüte
Der Fieberbaum verdankt seinen Namen den frühen europäischen Siedler*innen, die glaubten, dass der Baum Malaria (auch Tropenfieber genannt) verursacht. Heute wissen wir, dass es Mücken sind, die das Fieber verbreiten. Die Rinde enthält Bestandteile, die in der traditionellen Medizin sogar zur Behandlung der Krankheit verwendet wurden.

3: **Flöten-Akazie**
Vachellia drepanolobium
Höhe: 6 m
a) Dornenhohlkörper
b) Blätter
Dieser Baum hat eine symbiotische Beziehung mit Ameisen entwickelt, die sich vom Nektar des Baumes ernähren und in hohlen Dornen leben. Wenn Tiere die Blätter und Dornen abfressen, werden sie von den Ameisen gebissen, die sich darin eingenistet haben. Fährt der Wind durch die Ameisenlöcher in den Dornenhohlkörpern, entsteht ein pfeifendes Geräusch.

4: **Weihrauchbaum**
Boswellia sacra
Höhe: 8 m
a) Harz
b) Abschnitt des Stammes mit papierartiger Rinde
Das Harz dieses kleinen, laubabwerfenden Baumes ist die Hauptquelle für Weihrauch. Es wird geerntet, sobald der Baum 10 Jahre alt ist. Dabei wird ein kleiner Schnitt durch die papierartige Rinde des Stammes gemacht, damit das milchige Harz austreten und gesammelt werden kann. Die Alten Ägypter*innen verwendeten das Harz zur Einbalsamierung ihrer Toten und nannten es „Schweiß der Götter“.

1a
1b
2a
2b
3b
4b
3a
4a

Afrikanischer Affenbrotbaum

Der in den afrikanischen Savannen weit verbreitete, unverwechselbare Affenbrotbaum (*Adansonia digitata*), auch Baobab genannt, wird gern als umgedrehter Baum bezeichnet, da seine ausladende, verzweigte Krone aus oft unförmigen Ästen wie ein Wurzelsystem in der Luft aussieht. Er kann über tausend Jahre alt werden und ist damit unter allen blühende Bäumen der Welt (Angiospermen oder Bedecktsamer genannt) der älteste. Der Gattungsname *Adansonia* erinnert an den französischen Botaniker Michel Adanson, der 1749 auf seiner Reise durch den Senegal ein Exemplar gesehen hat. Die hier abgebildete Affenbrotbaum-Art ist die einzige, die auf dem afrikanischen Festland wächst.

Die im Verhältnis zur Höhe unverhältnismäßig dicken, tonnenförmigen Stämme der Affenbrotbäume werden als „Pachycauls" bezeichnet und sind eines der charakteristischsten Merkmale der Bäume. Die Stämme sind so dick (bis zu 10 m im Durchmesser), dass einige hohle Bäume von den Einheimischen als Unterschlupf für bis zu 35 Erwachsene genutzt werden. Während der langen Trockenzeit können die Bäume tot und leblos wirken, aber unter ihrer harten, grauen Rinde können Baobabs bis zu 100 000 Liter Regenwasser speichern – mehr als genug, um die Trockenzeit zu überstehen.

Der sagenumwobene Affenbrotbaum ist von großer sozialer und wirtschaftlicher Bedeutung, da er den Menschen vor Ort Schutz, Kleidung, Nahrung, Wasser und Holz bietet. Das Fleisch seiner Früchte ist reich an Vitamin C und seine Blätter, die 50 Prozent mehr Kalzium als Spinat enthalten, werden als Gemüse gegessen. Wurzeln, Rinde, Blätter und Samen werden als Heilmittel für eine Vielzahl von Krankheiten verwendet, zudem lassen sich aus den Fasern der Rinde Seile und Schnüre für Korbwaren herstellen.

Bildlegende

Afrikanischer Affenbrotbaum
Adansonia digitata
Höhe: 20 m

1: **Baum**
Bemerkenswert ist, dass die Rinde des Affenbrotbaumes feuerbeständig ist.

2: **Blüten**
a) Blüten
b) Längsschnitt durch die Blütenknospe
Die auffälligen, weißen Blüten tragen bis zu 1000 Staubgefäße. Ihr nachts verströmter Duft lockt Fruchtfledermäuse an, die den Baum bestäuben.

3: **Blätter**
Die Blätter sind in 5–7 Fiederblättchen unterteilt, die an die Finger einer Hand erinnern. Das gibt der Art ihren botanischen Namen *digitata*.

4: **Querschnitt der Fruchtkapsel**
Die holzigen, eiförmigen Früchte, die Affenbrot genannt werden, sind bis zu 30 cm lang. Das pulverige Fruchtfleisch ist sehr nahrhaft und wird oft roh gegessen oder zu Brei verarbeitet. In manchen Kulturen ist der Glaube verbreitet, dass ein Sud aus den Samen magische Kräfte besitzt, die vor Krokodilangriffen schützen.

1
2a
2b
3
4

Nüsse und Gewürze der Tropen

Der Schutz der Regenwälder auf der ganzen Welt ist nicht nur für einen gesunden Planeten wichtig. Wir sind uns dessen vielleicht nicht immer bewusst, aber bei vielen Bestandteilen unserer Ernährung sind wir auf tropische Regionen angewiesen. Denken wir an Vanilleschoten, die wir zum Beispiel zur Herstellung von Eis verwenden, an den Genuss von Schokolade, an Kaffee, den wir nicht nur zum Frühstück trinken, bis hin zu den Gewürzen, die wir täglich beim Kochen verwenden. Nüsse gehören zu den nahrhaftesten Lebensmitteln, die wir für eine ausgewogene Ernährung brauchen. Viele davon, wie Paranüsse oder Macadamianüsse kommen aus den Tropen. Nüsse und Gewürze sind oft von einer harten Schale umgeben und wachsen in dichten tropischen Regenwäldern mit schwer zugänglichen Baumkronen, was die Ernte zu einer Herausforderung macht.

Die Paranuss ist ein Paradebeispiel dafür. Ihre dreiseitige Schale ist extrem schwer zu knacken, und nur zwei Arten von Lebewesen sind dazu in der Lage: der Mensch (mit Hilfe von Werkzeugen) und der Aguti (*Dasyprocta spp.*), ein in Brasilien beheimatetes Nagetier mit messerscharfen Zähnen. Der prächtige Paranussbaum wächst wild im Amazonasbecken, wo er bis zu 50 m hoch wird. Die in der Regenzeit auf den Waldboden gefallenen Fruchtkapseln werden von einheimischen Paranuss-Sammlern aufgesammelt. Sie sind so schwer und fallen aus so großer Höhe, dass sie sich beim Aufprall in den Boden bohren.

Die aromatischen Bestandteile tropischer Pflanzen werden schon seit mehr als 5 000 Jahren zum Würzen von Speisen verwendet. Ihre Verwendung ist bereits seit 3 500 v. Chr. belegt, als sie im alten Ägypten zum Kochen und zum Einbalsamieren der Toten Gebrauch fanden. Im Mittelalter waren Gewürze in Europa so wertvoll wie Gold. Ihr Transport um die Welt spielte eine wichtige Rolle bei der Erforschung und Kolonisierung Südostasiens und führte im sechzehnten Jahrhundert zu einem erbitterten europäischen Wettbewerb um die Kontrolle des Gewürzhandels.

Bekannte Gewürze wie Nelken, Zimt und Muskatnuss werden aus den Rinden, Samen, Knospen und Wurzeln tropischer Bäume, andere Gewürze, wie z.B. Sumach und Sternanis, aus Beeren, Samen oder getrockneten Früchten gewonnen.

Bildlegende

1: **Ceylon-Zimtbaum**
Cinnamomum verum
Höhe: 17 m
a) Zweig mit Blättern und Blüten
b) Längsschnitt durch die Blüte
c) Gerolltes Rindenstück
Die Rinde wird, um das Absterben zu verhindern, nur von einer Hälfte des Stammumfangs geerntet. Die äußere Rindenhaut wird entfernt und die würzige innere Rinde wird in kurze Stücke geschnitten, die in der Sonne getrocknet werden und sich dabei zusammenrollen. Die Röllchen werden als Zimtstangen verkauft.

2: **Paranuss**
Bertholletia excelsa
Höhe: 50 m
a) Längsschnitt durch die Blüte
b) Zweig mit Blättern, Blüten und Fruchtkörper c) Querschnitt durch den Fruchtkörper mit Nüssen
d) Nuss mit dreiseitiger Schale
Die Früchte des Paranussbaumes sind harte, kugelförmige Hülsen, die wie eine hölzerne Kanonenkugel aussehen, bis zu 20 cm im Durchmesser groß sind und bis zu 24 Nüsse enthalten.

3: **Gewürznelkenbaum**
Syzygium aromaticum
Höhe: 20 m
a) Längsschnitt durch eine Blütenknospe b) Zweig mit Blättern und Blütenknospen
Gewürznelken werden – nicht nur, aber besonders gern – in der Weihnachtszeit zum Würzen von Speisen und Gebäck verwendet. Wenn die Blütenknospen reifen, färben sie sich leuchtend rot und werden von Hand gepflückt, bevor sich die Blüten öffnen.

4: **Muskatnussbaum**
Myristica fragrans
Höhe: 23m
a) Querschnitt durch den Samen
b) Samen c) Samen in aufgeschnittener äußerer Schale
Der Samen wird 6 bis 8 Wochen lang getrocknet und entweder als ganze Muskatnuss verkauft oder zu einem pulverförmigen Gewürz gemahlen.

4a
4b
1a
3b
4c
1b
3a
2d
1c
2a
2b
2c

Tropische Früchte

Die meiste Zeit unserer Geschichte lebten wir Menschen vom Jagen und Sammeln. Wir durchsuchten die Landschaft nach Wildpflanzen und Früchten, die uns nach einem Tag kräftezehrender Nahrungssuche einen dringend benötigten Energieschub verschaffen konnten. Archäolog*innen haben 4500 Jahre alte Überreste von Bananen in menschlichen Siedlungen in Afrika gefunden sowie 4000 Jahre alte Kirschkerne in bronzezeitlichen Siedlungen im Vereinigten Königreich. Beide Funde machen deutlich, wie weit unsere Beziehung zu Obst zurückreicht.

Früchte sind die fleischigen oder trockenen Pflanzenteile, von denen die Samen im Reifungsprozess umschlossen sind. Es gibt sie nur an blühenden Bäumen. Die meisten können roh, direkt vom Baum, verzehrt werden. Mangos, Avocados, Passions- und Zitrusfrüchte zum Beispiel umschließen ihre Kerne oder Samen mit einem fleischigen Fruchtfleisch. Reif duften die Früchte köstlich und ihre Schalen färben sich leuchtend und locken viele Tiere an, die sich an ihnen laben. Fruchtfresser nennt man auch Frugivoren, und die meisten von ihnen leben in tropischen Regenwäldern.

Das saftige Fruchtfleisch bietet den Samen nicht nur Schutz, sondern hilft auch bei ihrer Verbreitung. Wenn Vögel wie der Helmkasuar (*Casuarius casuarius*) oder Säugetiere die rohen Früchte verschlucken, passieren die Samen ihr Verdauungssystem unbeschadet und werden über einen Kilometer vom Mutterbaum entfernt mit den Fäkalien ausgeschieden. Dort keimen sie dann. So sorgen die Fruchtfresser für eine größere Überlebenschance der Sprösslinge, indem sie die Samen des Baumes über größere Entfernungen verbreiten, statt direkt unter dem Blätterdach des Elternbaumes.

Bildlegende

1: **Brotfruchtbaum**
Artocarpus altilis
Höhe: 20 m
Brotfruchtbäume gehören zu den ertragreichsten Nahrungspflanzen, die es gibt. Ein einziger Baum produziert bis zu 150 Früchte pro Jahr, die jeweils bis zu 5 kg wiegen.

2: **Litschibaum**
Litchi chinensis
Höhe: 10 m
Die Litschi stammt aus Südchina, wo sie seit mehr als 4000 Jahren angebaut und gegessen wird. Wenn man sie schält, kommt ein durchscheinendes weißes Fruchtfleisch zum Vorschein, das nach Blumen duftet und süß schmeckt.

3: **Zitronenbaum**
Citrus x limon
Höhe: 12 m
Der Ursprung der Zitrone ist unbekannt, aber man nimmt an, dass sie eine Kreuzung aus Bitterorange und Zitronatzitrone ist. Auch das echte Bergamotteöl stammt aus einer Zitrusfrucht dieser Kreuzung. Das duftende Öl aus der Schale der Bergamotte wird zum Aromatisieren von Earl Grey Tee verwendet.

4: **Mangobaum**
Mangifera indica
Höhe: 30 m
Die Mango ist eine Steinfrucht – eine Frucht mit einem äußeren fleischigen Teil, der einen einzelnen, harten Samen enthält. Auch Pflaumen und Pfirsiche sind zum Beispiel Steinfrüchte.

5: **Mangostanbaum**
Garcinia mangostana
Höhe: 10 m
Mangostanbäume sind *apomiktische* Pflanzen, das heißt, dass die weiblichen Bäume ohne Bestäubung Früchte produzieren. Die reifen Früchte haben eine dicke, dunkelviolette Schale, die bis zu vier Samen enthält.

6: **Sternfruchtbaum**
Averrhoa carambola
Höhe: 10 m
Die Sternfrucht wird auch Karambole genannt. Alle Teile der Sternfrucht sind essbar, auch die leicht wachsartige Außenhaut. Die tiefgelbe Frucht hat fünf markante Rillen an den Seiten und sieht aus wie ein Stern, wenn sie horizontal durchgeschnitten wird.

1
2
3
4
5
6

Saal 6

Parks und Gärten

Lebensraum: Parks und Gärten
Blütenarten
Arten der Bestäubung
Taschentuchbaum
Zierbäume

Lebensraum: Parks und Gärten

Ob hübsche, rustikale Bauerngärten, eine friedliche, ausgewogene japanische Gartenlandschaft oder ein makellos, symmetrisch und im großen Stil angelegter Garten – Anlage und Pflege von Gärten und Grünanlagen sind mehr als ein Hobby: Sie haben sich zu einer Kunstform entwickelt.

Die erste Verwendung von Bäumen in westlichen Gärten erfolgte in Form von geschnittenen Hecken und beschnittenen Obstbäumen, die zu einer Hecke verflochten wurden. Diese Gartenbäume stammen aus dem sechzehnten und siebzehnten Jahrhundert und dienten ursprünglich als Schutz, Schattenspender und zur Obstproduktion. Erst im späten siebzehnten und achtzehnten Jahrhundert wurden Bäume in Gärten hauptsächlich zu dekorativen Zwecken gepflanzt.

Bäume sehen nicht nur schön aus, sondern bieten Gartenbesitzer*innen auch viele weitere Vorteile. Sie durchbrechen die geraden Linien von Gebäuden und anderen kantigen Landschaftselementen. Ein einzelner Baum kann ein Blickfang im Garten sein kann, lockere Baumgruppen können besondere Bereiche und Blickwinkel rahmen und hervorheben. Der richtige Baum am richtigen Ort kann auch ein Mikroklima schaffen, indem er die Windgeschwindigkeit reduziert und Lärmbelästigung durch den Verkehr mildert.

Das Pflanzen von Bäumen hat große Vorteile für die Umwelt: Bäume mindern die Luftverschmutzung, indem sie schädliche Treibhausgase über ihr Laub und ihre Rinde absorbieren. Außerdem verringern sie den Abfluss von Oberflächenwasser und das Risiko von Überschwemmungen nach starken Regenfällen – und sie sind natürliche Klimaanlagen. Ihr Schatten kann die Lufttemperatur im Sommer tagsüber und nachts um mindestens 8° C senken und so den Energieverbrauch reduzieren.

Stadtgärten mit mindestens einem blühenden Baum sind sehr wichtig, da sie einer Vielzahl von Wildtieren, wie Säugetieren, Vögeln und bestäubenden Insekten, Lebensraum und Nahrung bieten.

Bildlegende

1: **Roter Fächer-Ahorn**
Acer palmatum ‚Atropurpureum'
Höhe: 4 m

2: **Himalaya-Birke**
Betula utilis var. jacquemontii
Höhe: 15 m

3: **Japanische Nelkenkirsche**
Prunus serrulata ‚Kanzan'
Höhe: 5 m

4: **Europäische Eibe (hier im Wolken-Formschnitt)**
Taxus baccata
Höhe: 20 m (bei natürlichem Wuchs)

5: **Buchsbaum (hier im Kugel-Formschnitt)**
Buxus sempervirens
Höhe: 9 m (bei natürlichem Wuchs)

6: **Chinesischer Blumen-Hartriegel**
Cornus kousa var. chinensis
Höhe: 7 m

1
2
3
4
5
6

Blütenarten

Wie alle anderen blühenden Pflanzen produzieren die meisten Bäume Blüten, um sich auf natürliche Weise fortzupflanzen. Ihre Samen keimen und bilden die nächste Generation von Bäumen. Die Staubbeutel (männlicher Blütenteil) der Laubbäume stellen Pollen her, der durch Wind, Insekten oder andere Tiere auf die Narbe (weiblicher Blütenteil) übertragen wird (siehe Seite 86). Nach der Befruchtung wächst ein neuer – oft in einer Frucht eingeschlossener – Samen.

Es gibt verschiedene Blütenarten. Die meisten Bäume sind „einhäusig" (monözisch). Das bedeutet, sie haben getrennte männliche und weibliche Blüten auf demselben Baum. Diese Bäume, darunter Eiche (*Quercus spp.*), Buche (*Fagus spp.*), Birke (*Betula spp.*), Ahorn (*Acer spp.*), Hainbuche (*Carpinus spp.*) und Walnuss (*Juglans spp.*), können mit ein wenig Hilfe durch den Wind Samen ausbilden, ohne dass sie individuelle Bestäuber brauchen.

Einige Bäume sind „zweihäusig" (diözisch), d.h. sie haben getrennte männliche und weibliche Blüten auf verschiedenen Bäumen. In diesen Fällen müssen sowohl der männliche als auch der weibliche Baum Früchte und Samen produzieren. Die männlichen Blüten werden für die Bestäubung der weiblichen Blüten benötigt. Zweihäusige Bäume sind selten. Beispiele sind der Milchorangenbaum (*Maclura pomifera*), die Eibe (*Taxus baccata*) und der Chinesische Schneeflockenstrauch (*Chionanthus retusus*).

Bäume wie die Silber-Linde (*Tilia tomentosa*) und der Amerikanische Blumen-Hartriegel (*Cornus florida*) sind sogenannte „Zwitter", deren Blüten sowohl männliche als auch weibliche Geschlechtsorgane enthalten. Diese Blüten sind oft klein oder unscheinbar und brauchen Unterstützung, um Bestäuber anzulocken. Dazu bilden sie große, farbenfrohe oder weiße Hochblätter aus, die sich von allen anderen Bäumen abheben und so die Aufmerksamkeit auf sich ziehen.

Allerdings bilden nicht alle Bäume Blüten. Nadelbäume haben sowohl männliche als auch weibliche Zapfen, und der Pollen wird normalerweise durch den Wind von den männlichen auf die weiblichen Zapfen übertragen. Wenn der Pollen auf dem weiblichen Zapfen landet, wandert er zwischen die Zapfenschuppen, wo er die Eizelle befruchtet und zu einem Samen heranwächst. Im Gegensatz zu den Laubbäumen, bei denen die Samen in der Frucht eingeschlossen sind, bleiben die Samen der Nadelbäume nackt, haften aber – meist paarweise – an der Zapfenschuppe.

Bildlegende

1: **Chinesischer Schneeflockenstrauch**
Chionanthus retusus
Höhe: 20 m
a) männliche Blüten b) weibliche Blüten
Die Blüten des Schneeflockenstrauchs sind zweihäusig, mit männlichen und weiblichen Blüten auf verschiedenen Sträuchern. Die männlichen Blüten sind beeindruckender, da die Blütenblätter viel länger sind als die der weiblichen. Sie duften stark, um bestäubende Insekten anzulocken.

2: **Esche**
Fraxinus excelsior
Höhe: 30 m
a) Endknospe b) Blüten
Die Esche ist vorwiegend zwittrig, mit männlichen und weiblichen Teilen in derselben Blüte. Sie kann aber auch einzelne männliche und weibliche Blüten oder eine Kombination aus allen drei Arten gleichzeitig tragen.

3: **Silber-Linde**
Tilia tomentosa
Höhe: 30 m
a) Hochblatt mit Blüten
b) Blattunterseite
Linden sind auch Zwitter, d.h. die Blüten haben sowohl männliche als auch weibliche Teile. Der Baum produziert ein Hochblatt zusammen mit der Blüte, um Insektenbestäuber anzulocken und die Samenverbreitung durch den Wind zu unterstützen.

4: **Hopfenbuche**
Ostrya virginiana
Höhe: 18 m
a) Blüte b) Kätzchen
Hopfenbuchen sind einhäusig, d.h. es gibt sowohl männliche als auch weibliche Blüten auf demselben Baum. Hinter jedem Deckblatt des Kätzchens befindet sich eine geschützte Gruppe männlicher Blüten, die Pollen produzieren. Die weiblichen Kätzchen sehen ähnlich aus, wobei hier Teile über die Deckblätter hinausragen, um den freigesetzten Pollen aufzufangen.

1a
1b
2a
2b
3b
3a
4a
4b

Arten der Bestäubung

Es gibt nichts Schöneres, als an einem Frühlings- oder Sommertag in einem Garten zu sitzen, dem Summen der Insekten in den Blüten eines Baumes zu lauschen und die warme Brise zu spüren. Was sich da abspielt, ist aber nicht nur ein Fest für die Sinne: Sowohl die Insekten als auch der Wind spielen eine wichtige Rolle bei der Bestäubung.

Die meisten Bäume in den gemäßigten Breiten werden vom Wind bestäubt. Dieser Prozess heißt Windblütigkeit oder *Anemophilie*. Windbestäubte Blüten sind klein und haben meist nicht die Farbe, den Duft und den Nektar, um Insekten anzuziehen. Sie haben winzige oder gar keine Blütenblätter und männliche wie weibliche Teile sind vollständig der Witterung ausgesetzt. Diese Blüten, wie z.B. die des Silber-Ahorns (*Acer saccharum*), senden große Mengen an leichtem Pollen aus, der durch Luftströmungen Hunderte von Kilometern weit transportiert werden kann. Die Bestäubung durch den Wind findet meist im zeitigen Frühjahr statt, wenn die Bäume noch wenig belaubt sind und der Pollen sich freier bewegen kann. Diese Art der Bestäubung ist in den windarmen tropischen Dschungeln weniger verbreitet. In den eisigen borealen Wäldern hingegen, in denen es nur wenige Insekten gibt, werden die meisten Bäume durch Wind bestäubt.

Bei der *Entomophilie* wird der Pollen mit Hilfe eines Insekts zwischen den verschieden geschlechtlichen Blütenteilen verteilt. Die Blüten sind meist größer und leuchtender als windbestäubte und locken mit ihrem auffälligen Erscheinungsbild. Diese Blüten verströmen zudem einen süßen Duft aus ihrem Nektar, der als Belohnung für Biene, Fliege oder Schmetterling dient.

Bildlegende

1: **Indische Rosskastanie**
Aesculus indica
Höhe: 30 m
Im Inneren der Blüte prangt ein gelber Fleck, um Bienen anzulocken. Sobald die Blüte bestäubt ist, färbt sich dieser Fleck rot und die Nektar- und Duftproduktion wird reduziert oder eingestellt. Diese roten Flecken sind für Bienen unattraktiv und möglicherweise ein Signal, keine Zeit mit dem Besuch bereits bestäubter Blüten zu verschwenden.

2: **Gurken-Magnolie**
Magnolia acuminata
Höhe: 20 m
Magnolien gehören zu den ältesten blühenden Bäumen und entwickelten sich lange bevor es Bienen gab. Die einzigen verfügbaren Bestäuber waren flügellose Käfer, die sich in die geschlossene Blütenknospe eingruben und den Pollen unbeholfen zwischen dem männlichen und dem weiblichen Blütenteil übertrugen. Der Käfer ist bis heute der wichtigste Bestäuber.

3: **Silber-Ahorn**
Acer saccharum
Höhe: 25 m
Die Blüten des Silber-Ahorns sind einhäusig. Sie sind lang, grün und hängen von den Zweigen herab – ein klarer Hinweis darauf, dass sie windbestäubt sind. Um zu gewährleisten, dass ein einzelnes Pollenkorn auf der Narbe einer weiblichen Blüte der selben Art landet, investiert der Baum in die Produktion großer – verschwenderischer – Mengen an Pollen.

4: **Stiel-Eiche**
Quercus robur
Höhe: 40 m
Alle Eichen sind einhäusig und werden vom Wind bestäubt. Die männlichen Blüten sind lange hängende Kätzchen. Die sehr kleinen weiblichen Blüten befinden sich an Stielen über den männlichen Blüten, um die Selbstbestäubung zu minimieren.

Taschentuchbaum

Von allen Zierbäumen, die in Gärten und Arboreten gepflanzt werden, fällt der Taschentuchbaum (*Davidia involucrata*) mit am stärksten ins Auge, weil er im Frühjahr wunderschöne, auffällige Blüten produziert. Dieser seltene und ganz besondere Baum ist in Europa in Parks und großen Gärten zu finden und auch in Australien sehr beliebt.

Die Besonderheit des Taschentuchbaumes sind seine Blüten: Sie sind rotviolett, ähneln kleinen, kugeligen Pompons und sind an einem Paar großer weißer Hochblätter (Brakteen) befestigt, die von den Zweigen baumeln und im Wind wie Taschentücher flattern. Oft wird der Baum auch als „Taubenbaum" bezeichnet, weil seine Blüten wie auf den Ästen sitzende weiße Tauben aussehen. Ähnlich wie bei den Hartriegelbäumen werden diese Hochblätter produziert, um die für die Bestäubung wichtigen Bienen anzulocken.

Neben seiner außergewöhnlichen Schönheit hat der Taschentuchbaum auch eine Entdeckungsgeschichte, die exemplarisch für die Erforschung von Pflanzen in den gemäßigten Wäldern der Berge Westchinas durch Europäer*innen im neunzehnten Jahrhundert ist. 1869 war der französische Missionar, Naturforscher und Botaniker Armand David (Père David) der erste Europäer, der diesen Baum erblickte (er war auch der erste, der den Großen Panda sah). Fast 30 Jahre später entbrannte ein botanischer Wettstreit zwischen französischen und englischen Botaniker*innen, wer den Baum zuerst in die westlichen Gärten einführen würde, denn sie wussten, dass seine dekorativen Eigenschaften verlockend sein würden.

1899 wurde der „Pflanzenjäger" Ernest Henry Wilson ausgestattet mit einer kleinen, handgezeichneten Karte, von den britischen Royal Botanic Gardens in Kew, nach China geschickt, um den Baum zu finden, so viele Samen wie möglich zu sammeln und sie zurück nach England zu versenden, wo sie gekeimt werden sollten. Die Reise war für ihn als Ausländer gefährlich, weil sie in die Zeit des sogenannten Boxeraufstands fiel, in dem sich die chinesische Bevölkerung gegen westlichen und japanischen Imperialismus wehrte, aber Wilson überlebte. Sein Boot kenterte in den Stromschnellen des mächtigen Jangtse-Flusses, doch schließlich fand Wilson genau die Stelle, die ihm beschrieben worden war. Er musste allerdings feststellen, dass der Baum gefällt worden war, um ein Haus zu bauen. Natürlich war er enttäuscht, aber im darauffolgenden Frühjahr sah er in den nahegelegenen Bergen Haine des Taschentuchbaumes wachsen und konnte Samen sammeln.

Die Heimreise war genauso ereignisreich wie die Expedition selbst, und Wilsons Boot erlitt auf der Rückfahrt nach England Schiffbruch. Viele seiner botanischen Exemplare gingen verloren, nicht aber die wertvollen Samen des Taschentuchbaumes, aus denen schließlich über 13 000 Setzlinge gezogen wurden.

Bildlegende

Taschentuchbaum
Davidia involucrata
Höhe: 15 m

1: **Blätter**
Die Blätter sind typischerweise herzförmig und haben einen gesägten Rand, wodurch der Baum im Garten leicht zu erkennen ist, auch wenn keine Blüten vorhanden sind.

2: **Blüten mit Hochblättern**
Der Artname *involucrata* bezieht sich auf die Hochblätter, die die Blüten umgeben. Diese Brakteen sind anfangs grün und färben sich allmählich strahlend weiß, was Bienen anlockt. Sie dienen aber auch als Schirm, der den Pollen vor Regen schützt.

3: **Früchte**
Die harten, grünen Nüsse färben sich violett, wenn sie reif sind. Es kann mehr als zwei Jahre dauern, bis die Samen keimen. Werden sie aber vor der Aussaat eingefroren, geschieht dies schon nach zwölf Monaten, weil so zwei Winter nachgeahmt werden. Dadurch verkürzt sich die Ruhezeit.

4: **Zweig mit Winterknospen**
Die Winterzweige sind glatt mit abwechselnd kurzen, kräftigen, spitzen roten Knospen.

5: **Rinde**
Junge Zweige sind glatt, die Rinde älterer Äste und des Hauptstammes wird mit der Zeit rauer.

1
2
3
4
5

Zierbäume

Ob zarte Blüten, wie bei der wunderschönen japanischen Maienkirsche (*Prunus x yedoensis*), oder reichlich Früchte, wie beim blühenden Zierapfel „Evereste" (*Malus Evereste*): Alle Zierbäume haben einzigartige Eigenschaften, die sie zu Hinguckern in Gärten und Parks machen. Interessante Blattformen oder -farben, Rindeneffekte oder Düfte – selbst Gesamtform und Höhe sind begehrte Merkmale. Der perfekte Baum kann zum Herzstück des Gartens werden.

Baumschuler*innen und andere Gärtner*innen sind ständig auf der Suche nach dem idealen Zierbaum – einem atemberaubenden Exemplar, das vermehrt, von Baumschulen verkauft und in Gärten auf der ganzen Welt gepflanzt werden kann. Schon im alten Ägypten wurden Bäume aus ästhetischen Gründen umgepflanzt, aber erst im 19. Jahrhundert wurden exotischere Exemplare über die Handelswege eingeführt. Pflanzensammler*innen wie George Forrest und William Lobb wurden ausgesandt, um ferne Länder zu erkunden und neue exotische Pflanzen zu finden und zu sammeln, die in europäischen Gärten angebaut werden konnten. Diese Expeditionen waren oft gefährlich, aber da exotische Pflanzen bei den Wohlhabenden schnell zum Statussymbol wurden, riskierten die Pflanzensammler*innen mit der Aussicht auf entsprechende Belohnung gerne die Gefahren langer Schiffsreisen, z.B. Schiffbruch oder Krankheiten. Die Entdeckung neuer Zierbäume veranlasste wohlhabende Grundbesitzer*innen, Arboreten anzulegen oder prunkvolle Gewächshäuser zu bauen, um als Erste eine neue Baumart züchten und zur Blüte bringen zu können.

Die Kultivierung von Bäumen, die einheitliche Merkmale aufweisen, ist keine leichte Aufgabe. Wenn ein Baum sexuell aus einem Samen gezüchtet wird, hat der Sämling eine genetische Ausstattung, die beide Elternteile widerspiegelt, aber keine exakte Kopie ist. Um einen Baum mit identischen herausragenden Eigenschaften zu erhalten, muss der Baum ungeschlechtlich vermehrt werden. Dies geschieht, indem ein Steckling des Elternbaumes in einer Baumschule bewurzelt oder ein Zweig des Elternbaumes mit dem Wurzelsystem eines anderen Baumes derselben Gattung verbunden wird (bekannt als Pfropfen). Die neuen Bäume sind dann ein Klon des ursprünglichen Baumes und haben alle gewünschten Eigenschaften. Japanische Blütenkirschen sind ein hervorragendes Beispiel für erfolgreiche ungeschlechtliche Vermehrung – sie sind auf der ganzen Welt identisch.

Bildlegende

1: **Japanische Maienkirsche**
Prunus x yedoensis
Höhe: 12 m
Dieser Baum ist eine Kirschbaumhybride aus Japan, die 1902 in Gärten Europas und Nordamerikas eingeführt wurde. Sie ist heute die am weitesten verbreitete Blütenkirsche der Welt.

2: **Korkenzieher-Weide**
Salix babylonica var. pekinensis ‚Tortuosa'
Höhe: 15 m
Diese in China und Korea beheimatete Kulturform des Weidenbaums wurde wegen ihrer gewundenen, bizarren Äste und ihrer Gesamtsilhouette gezüchtet.

3: **Zierapfel „Evereste"**
Malus ‚Evereste'
Höhe: 5 m
Dieser kleine Zierbaum stammt ursprünglich aus Zentralasien und ist ein Symbol für Liebe und Ehe. Er wird in Gärten vor allem wegen der vielen dekorativen kleinen Zieräpfel gepflanzt, die er im Winter produziert.

1
2
3

Bibliothek

Stichwortverzeichnis

Kurator*innen

Stichwortverzeichnis

Abkürzungen

spp.: Abkürzung für species (schließt mehrere Arten einer Gattung ein.)

ssp.: subspecies (Unterart, steht unterhalb der Art und oberhalb der Varietät (*var.*)

var.: lateinisch für varietas (Varietät); steht unterhalb der Unterart (*ssp.*) und oberhalb der Form (*f.*) und kennzeichnet geringe Abweichungen vom Typus

x: bezeichnet eine Kreuzung zweier, in Ausnahmefällen auch eine Kreuzung aus mehr als zwei Arten

Kurator*innen

Tony Kirkham, Träger des britischen Verdienstordens und ausgezeichnet mit der Victoria Medal of Honour der Königlichen Gartenbaugesellschaft Großbritanniens (Royal Horticultural Society), hat sich 40 Jahre lang um die 14 000 Bäume der Royal Botanic Gardens, Kew, in Großbritannien gekümmert, zuletzt als Leiter des Arboretums, der Gärten und der Gartenbaudienste, bevor er 2021 in den Ruhestand ging. Er ist Autor und Co-Autor zahlreicher Bücher über Bäume. Zudem wirkte er in Fernsehsendungen mit, wie beispielsweise in *My Passion for Trees* mit Judy Dench, und präsentierte zwei Fernsehserien von *The Trees That Made Britain* für die BBC.

Katie Scott studierte Illustration an der University of Brighton. Ihre Arbeiten sind – ästhetisch wie inhaltlich – von der traditionellen medizinischen und botanischen Illustration beeinflusst und spielen mit wissenschaftlicher Ungewissheit und Spekulation. Katie Scotts Illustrationen zeigen eine vertraute, aber dennoch fantasievolle Vision von Pflanzen, Menschen und Mineralien.

Titel der Originalausgabe: *Arboretum*

ein Unternehmen der Penguin Random House Verlagsgruppe GmbH
Neumarkter Straße 28 • 81673 München

Übersetzt aus dem Englischen von Ute Löwenberg
Projektmanagement: Constanze Holler
Lektorat: Elisabeth Güde
Herstellung: Susanne Hermann
Satz: Editors Genie | Udo Rehmann
Druck und Bindung: Toppan Leefung Printing Ltd., DongGuan

Wir produzieren klimaneutral
ClimatePartner.com/14044-1912-1001
Druckprodukt

Bei diesem Buch wurden die durch das verwendete Material und die Produktion entstandenen CO_2-Emissionen ausgeglichen, indem der Prestel Verlag ein Projekt zur Aufforstung in Brasilien unterstützt.
Weitere Informationen zu dem Projekt unter:
www.ClimatePartner.com/14044-1912-1001

FSC www.fsc.org MIX Papier | Fördert gute Waldnutzung FSC® C104723

Penguin Random House Verlagsgruppe FSC® N001967

ISBN 978-3-7913-7554-0

www.prestel-junior.de